BASEBALL SUDOKU

D1456642

ISBN: 1-933060-23-9

FIRST EDITION

10 9 8 7 6 5 4 3 2 1

ESPN
BOOKS
a division of
ESPN publishing

CONTENTS

INTRODUCTION

It was meant to be. Nine boxes in a sudoku grid, nine players on a baseball field—baseball sudoku.
The principles for solving these 9x9 puzzles are the same as those for traditional sudoku, except that in baseball sudoku, the numbers 1 to 9 are replaced by the starting positions on a baseball lineup: P, C, 1B, 2B, 3B, SS, LF, CF, and RF.

5					7			1
		6	4		5			
	3	7	9	5		2		
6			7		4	1	2	
	2	9				6	4	
	1	4	2		5			7
		2		1	9	4	8	
		1		3	6			
4			8					9

TRADITIONAL SUDOKU

3B					LF			P
			SS	2B		3B		
	1B	LF	RF	3B		C		
SS			LF		2B	P	C	
	C	RF				SS	2B	
	P	2B	C		3B			LF
		C		P	RF	2B	CF	
		P		1B	SS			
2B			CF					RF

BASEBALL SUDOKU

And as in classic sudoku, there is only one basic rule to remember:

Each horizontal row, vertical column, and 3x3 grid must contain every baseball position without repeating.

It's that simple. No math is required. No baseball knowledge. Just pure logic. And because each baseball sudoku puzzle has only one solution, guessing will not be helpful.

But first, let's warm up a little...

SPRING TRAINING

If you're new to sudoku—or just want to see how challenging baseball sudoku can be—let's take a few practice swings at some smaller puzzles. In the 4x4 grid below, the baseball positions used are all in the infield: P, C, 1B, and 2B. Can you determine which position goes in the box with the **?**

P		2B	1B
1B	?		
			2B
2B	P		C

Clearly, the two choices you have are C and 2B, but because the top row already contains 2B, the box with the must contain 2B.

Let's try another. In the puzzle below, the same positions are used: P, C, 1B, and 2B.

C			P
	1B	C	
	P	2B	?
2B			1B

Once more, you have two choices: C and P. But if you look in the top-right corner, there is already a P present. Therefore, the box with the ? must contain C.

The same process of elimination can be used in larger puzzles as well. In the following puzzle, all nine baseball positions are used: P, C, 1B, 2B, 3B, SS, LF, CF, and RF. Now let's focus on the top-right 3x3 grid. Can you determine where LF goes?

3B					LF			P
			SS	2B		3B		
	1B	LF	RF	3B		C		
SS			LF		2B	P	C	
	C	RF				SS	2B	
	P	2B	C		3B			LF
		C		P	RF	2B	CF	
		P		1B	SS			
2B			CF					RF

It cannot appear in the top row because there is an LF already in that row in the top-middle grid. Similarly, there is an LF in the bottom row of the top-left grid so it cannot go there.

You now know that the LF must appear in the middle row of the top-right grid, but in which box? If you scan the two possible columns, you'll notice an LF in the last column of the middle right grid. Therefore, the missing LF must be placed in the middle box of the top-right grid.

One more example and you're on your own. In the puzzle below, let's try to solve for *two* SS positions. Looking at the bottom-middle grid, can you determine where the SS goes?

			P	LF		SS	1B	
SS		P	CF		C			
C		3B			2B	CF	LF	
	RF	LF					CF	1B
CF								2B
2B	P					RF	SS	
	SS	RF	3B			2B		CF
		LF		RF	1B			SS
	2B	C		CF	P			

If you scan the top row of the bottom-left grid, you'll see that there is already an SS. Similarly, the middle row of the bottom-right grid contains an SS. Therefore, the bottom-left corner of the bottom-middle grid must contain SS.

			P	LF		SS	1B	
SS		P	CF		C			
C		3B			2B	CF	LF	
	RF	LF					CF	1B
CF								2B
2B	P					RF	SS	
	SS	RF	3B			2B		CF
		LF		RF	1B			SS
	2B	C	SS	CF	P			

Now focus on the top-middle grid. Can you determine where the SS goes?

			P	LF		SS	1B	
SS		P	CF		C			
C		3B			2B	CF	LF	
	RF	LF					CF	1B
CF								2B
2B	P					RF	SS	
	SS	RF	3B			2B		CF
			LF		RF	1B		SS
	2B	C	SS	CF	P			

If you scan the top-right grid, you will find an SS in the top row. Also, the middle row of the top-left grid contains an SS, so now you know that the SS must appear in the bottom row of the top-middle grid. But as you previously determined, there is already an SS in the left column of the middle grid, therefore the missing SS must be placed in the middle column of the bottom row.

LITTLE LEAGUE PUZZLES

01

2B	LF		RF					P
			C	LF				3B
		C		SS	P	1B		
		LF	P		CF		2B	RF
	C	RF				CF	P	
CF	2B		SS		C	3B		
		2B	1B	C		P		
1B				P	3B			
C					RF		3B	1B

02

LF			1B				2B	CF
CF			2B	LF				
2B						SS		
P		LF	RF	2B		3B	SS	
	1B		SS		3B		LF	
	2B	SS		1B	LF	CF		C
		CF						3B
				C	RF			SS
C	P				1B			RF

03

SS		1B			3B		LF	C
2B				CF		3B		
	CF		C		RF			P
RF		3B		C		1B		
	2B		RF		CF		P	
		CF		3B		SS		RF
CF			P		1B		SS	
		2B		RF				1B
P	1B		3B			RF		LF

04

3B	CF		2B			C		
C			3B			CF	LF	1B
SS			LF				3B	
		RF	1B	CF		3B		
LF	3B						CF	SS
		CF		LF	3B	2B		
	1B				C			CF
RF	C	P			LF			3B
		3B			RF		1B	C

05

	LF	1B		RF	P		C	
SS	2B		C				CF	LF
		3B				1B		P
LF				C			3B	
C			CF		2B			1B
	P			LF				CF
2B		LF				SS		
P	RF				LF		1B	2B
	1B		RF	2B		LF	P	

06

	CF	RF		LF	3B			
			CF	RF				C
		LF		C		P		CF
RF			2B		LF		SS	
SS	C	2B				1B	LF	P
	P		C		SS			RF
CF		1B		2B		RF		
2B				SS	P			
			1B	CF		SS	C	

07

RF	2B			1B				
3B		C			CF	SS		
	1B				3B		CF	
2B		RF	1B			LF		SS
SS		1B		RF		P		CF
C		P			SS	1B		RF
	C		P				RF	
		2B	LF			CF		P
				CF			1B	LF

08

	RF	1B		P	LF	SS		
					2B	CF		RF
P	3B			CF				LF
2B	P			RF				
3B		RF	P		1B	LF		CF
				LF			RF	P
C				2B			CF	SS
RF		P	SS					
		SS	CF	C		P	1B	

09

1B	CF		3B					C
		2B	1B				CF	
		CF					3B	2B
		RF	2B	SS		C	1B	
2B		P				3B		SS
	C	CF		3B	1B	2B		
C	LF				SS			
	2B			CF		P		
CF					LF		C	RF

10

				1B	LF			
	3B			2B	C	RF	CF	
	C	1B		SS		P		
CF	2B		C		1B			
LF	P	C				3B	1B	2B
			LF		2B		RF	CF
		3B		LF		CF	P	
	RF	2B	1B	CF			SS	
			SS	C				

11

3B	P		1B	2B	RF	CF		
	2B					RF	C	
			LF		C		1B	
		2B			SS	LF		1B
C				1B				RF
LF		SS	P			2B		
	LF		RF		2B			
	C	P					RF	
		1B	SS	CF	P		2B	LF

12

C		1B		RF	CF	P		
		LF	C	P				
	CF						1B	RF
			SS	C	CF			
	C	2B	LF		3B	1B	RF	
		P	1B	2B				
RF	LF						SS	
				LF	2B	3B		
		CF	3B	C		RF		1B

13

LF		1B		P				RF
			LF				CF	
	RF	SS		3B	1B		P	
1B		CF				C		
SS		C	1B		RF	LF		P
		P				CF		SS
	CF		2B	SS		P	LF	
	SS				CF			
C				LF		RF		CF

14

1B						CF	SS	
CF		SS	2B	P				
3B			RF	CF			P	
	CF		C			1B		
	1B	3B	SS		CF	C	2B	
		C			P		LF	
	P			3B	C			RF
				LF	RF	SS		3B
	3B	1B						LF

15

							1B	CF
P		1B			LF	C		RF
			C	3B	1B			
		RF		P	2B		C	1B
1B	LF						P	SS
C	P		LF	1B		RF		
			CF	2B	C			
2B		LF	SS			CF		C
RF	C							

16

	C			P	1B		CF	
CF		LF						1B
		P	3B	CF		C	LF	
C			2B		CF	SS		
LF		RF				CF		C
		SS	RF		3B			2B
	P	C		3B	RF	1B		
3B						P		CF
	LF		P	1B			2B	

17

			CF	LF	RF	P		
	P					LF	1B	
3B	LF	C			P	SS		
SS		RF		CF				P
P			2B		SS			1B
1B				P		2B		LF
		SS	P			C	2B	3B
	RF	P					LF	
		2B	C	1B	CF			

18

1B	LF			C				3B
	SS			RF	CF		2B	C
		C	1B			RF		
	CF		RF		3B	P		
P	3B						RF	2B
		2B	SS		C		3B	
		3B			2B	LF		
SS	C		3B	LF			P	
2B				CF			C	SS

19

C	LF			1B				
	1B	CF	P			SS		C
			LF	SS		CF		
		LF					RF	1B
SS		C	RF	LF	1B	3B		P
3B	RF					2B		
		2B		P	3B			
1B		RF			2B	LF	3B	
				RF			2B	SS

20

1B		C		CF				
			SS	2B			P	1B
	SS				3B	2B	LF	
LF	CF				RF			3B
		RF	CF		2B	LF		
C			1B				CF	RF
	1B	SS	3B				C	
P	C			RF	SS			
				P		RF		CF

21

1B			SS					RF
	3B		LF		CF	1B	C	
	CF	P	C			2B		
	SS			LF		P	RF	1B
			3B		SS			
LF	1B	C		2B			CF	
		SS			3B	RF	LF	
	P	RF	2B		LF		1B	
C					RF			2B

22

		SS	C				2B	CF
CF	C							P
			3B	CF		1B		
	P			LF	CF	C	3B	SS
C				SS				LF
RF	SS	LF	1B	C			CF	
		CF		P	1B			
SS							LF	3B
LF	RF				SS	CF		

23

	1B		RF	3B		2B		
		C			2B	3B		P
3B	2B				P		SS	
	SS	CF		2B				1B
RF			C		LF			2B
P				1B		C	3B	
	P		SS				1B	3B
CF		3B	P			LF		
		SS		LF	3B		P	

24

		2B		P	RF		3B	
C	3B	P					1B	
		LF	3B			CF	C	P
RF			P		LF	2B		
P								C
		C	1B		CF			RF
LF	2B	1B			P	C		
	C					1B	P	LF
	P		LF	1B		SS		

25

		RF			1B		3B	CF
LF		2B	C			SS		
3B	SS			RF				1B
	3B	LF		2B			CF	
			LF		CF			
	CF			3B		P	2B	
P				C			1B	SS
		SS			2B	RF		3B
RF	C		3B			CF		

26

		1B	CF		RF		LF	
		P	3B	LF				
		CF	1B				3B	RF
	CF	RF			SS			P
P	C						CF	SS
LF			P			RF	1B	
2B	1B				3B	C		
				RF	2B	1B		
	3B		SS		1B	2B		

27

RF					CF	LF		1B
	SS	CF		C	LF		3B	
2B				1B			C	
SS	C		RF		2B			
	2B	RF				C	P	
			C		P		2B	3B
	RF			P				CF
	1B		CF	LF		3B	RF	
CF		LF	2B					C

28

P		1B		LF				2B
	2B			P	RF		1B	
		C	1B			CF		P
	P		3B		2B	RF		
1B	3B						2B	C
		2B	LF		C		P	
2B		SS			LF	P		
	LF		SS	3B			C	
3B				C		SS		RF

29

	CF	3B	LF					
	P		CF		C		SS	3B
		SS			RF	P		CF
	SS	C		RF			LF	1B
			C		CF			
CF	LF			2B		RF	3B	
SS		LF	RF			3B		
C	3B		SS		2B		CF	
					LF	SS	2B	

30

P				CF	SS		RF	
2B			RF		LF			
		LF		3B		SS		P
	3B	C		1B	2B		CF	
		RF				2B		
	LF		CF	SS		P	C	
3B		1B		RF		C		
			3B		CF			RF
	RF		LF	2B				SS

31

1B				CF			LF	2B
LF	CF	RF					1B	
			LF		SS		RF	
		3B	P	C	LF	CF		
P			1B		RF			3B
		1B	2B	3B	CF	RF		
	1B		SS		C			
	3B					SS	2B	C
C	SS			P				RF

32

		LF	RF	2B	3B		C	
		C		P		3B		CF
3B	1B					2B		
			C		SS		2B	RF
LF								C
C	SS		CF		P			
		RF					CF	2B
SS		3B		C		RF		
	P		1B	SS	RF	C		

33

C	1B	RF						SS
		P		SS				3B
			C	CF	RF		2B	1B
		SS	RF		P	1B		
	CF	C				RF	SS	
		1B	SS		CF	LF		
1B	C		LF	2B	3B			
SS				RF		3B		
P						2B	C	LF

34

	1B	2B	SS		C	LF		
						C		2B
RF	C			1B				CF
1B			3B	2B	P			C
		P	1B		RF	3B		
LF			CF	C	SS			P
2B				P			C	3B
3B		C						
		RF	C		2B	SS	P	

35

SS						1B	P	
	P			CF			2B	
1B		2B		P	3B		LF	
C					1B	3B		
	1B	LF	3B		CF	C	SS	
		SS	RF					P
	C		CF	1B		LF		SS
	SS			LF			3B	
	LF	1B						2B

36

2B			P					RF
	P			LF		1B	3B	
	CF	LF	1B	RF		2B		
			LF		1B	C		3B
	SS	C				LF	P	
1B		P	3B		C			
		SS		2B	P	3B	1B	
	1B	2B		3B			RF	
LF					RF			SS

37

3B	LF		P				1B	SS
2B					SS			CF
		CF	2B		3B	LF		
	3B	RF		LF		C		P
			3B		C			
CF		SS		P		3B	LF	
		LF	SS		P	1B		
P			1B					3B
SS	1B				RF		CF	LF

38

	SS	2B	RF	C			1B	
1B	P				LF		2B	3B
					1B			CF
	2B	RF	LF		P			SS
LF								C
SS			3B		C	CF	RF	
P			SS					
3B	RF		P				LF	2B
	LF			3B	RF	P	SS	

39

	CF	1B				C		
2B	C		3B	1B			LF	
				2B	C		3B	
1B		2B	LF				RF	
CF	3B		C		1B		SS	LF
	RF				2B	1B		3B
	LF		1B	P				
	2B			C	CF		1B	SS
		SS				CF	P	

40

		P		C	CF		2B	
	1B	C		2B		CF	LF	
SS						RF	C	
P		RF			2B			
C			LF		3B			RF
			RF			2B		LF
	C	SS						2B
	P	3B		1B		LF	CF	
	CF		C	3B		1B		

41

				2B	SS	RF		LF
CF		SS	C			3B		
				P		SS		C
	C			1B		P	SS	
	SS	CF				1B	LF	
	RF	3B		SS			C	
SS		C		3B				
		LF			2B	CF		SS
3B		P	SS	CF				

42

					RF	CF	1B	
1B	SS			2B	CF		RF	
LF		CF	1B		3B	C		
SS	LF	RF				3B		
	3B						SS	
		1B				LF	C	2B
		2B	CF		LF	SS		1B
	1B		P	SS			3B	CF
	P	SS	3B					

43

			LF	1B		RF	2B	
C	SS		RF	2B	CF		3B	
2B					C			
	LF	2B					1B	P
1B	3B						CF	RF
P	RF					LF	SS	
			P					CF
	C		CF	3B	1B		RF	LF
	CF	1B		RF	2B			

44

2B	P						LF	C
RF	3B		2B				CF	P
		CF	SS	C		RF		
				P		LF	SS	
		3B	C		1B	2B		
	SS	1B		CF				
		P		LF	RF	C		
SS	1B				C		2B	LF
CF	C						RF	3B

45

LF	1B		SS				3B	2B
3B					2B	RF		1B
	2B	CF	3B			P		
	RF			2B		LF		CF
			P		CF			
P		1B		LF			SS	
		RF			P	3B	2B	
CF		SS	2B					C
2B	3B				C		CF	P

46

LF	2B	CF	3B					1B
			1B		2B			RF
		1B		SS		C		LF
	3B		SS		LF		1B	C
		P				CF		
SS	1B		CF		C		3B	
1B		3B		RF		SS		
C			2B		1B			
RF					SS	1B	P	3B

47

CF		2B						RF
	3B	SS		LF	RF	CF	1B	
	1B				CF		C	2B
	LF	C		1B				
	CF		3B		SS		LF	
				RF		SS	P	
1B	RF		LF				CF	
	C	CF	SS	P		1B	RF	
P						2B		C

48

2B	3B			C		LF	RF	
	LF			CF	2B	SS		
			RF		1B		2B	P
		SS		RF				
LF		3B				RF		C
				P		CF		
SS	2B		CF		P			
		C	1B	2B			CF	
	CF	P		SS			3B	LF

49

		3B	CF				2B	
SS				C	1B			
RF	CF				P	3B	C	
		SS		3B				RF
	3B	1B	LF		RF	2B	SS	
LF				SS		1B		
	SS	CF	2B				P	LF
			P	CF				2B
	2B				3B	CF		

50

			3B				SS	C
2B	1B	SS	RF					
		3B	CF			2B		
	2B		P	1B		3B		SS
		1B	SS		CF	RF		
3B		CF		RF	2B		P	
		RF			3B	1B		
					SS	CF	RF	2B
1B	P				RF			

							CF	RF
3B		P		C	RF	SS	2B	
	CF	C	2B		1B			
				RF	3B	1B	SS	
P								CF
	RF	SS	1B	2B				
			SS		2B	RF	1B	
	SS	RF	LF	CF		P		2B
2B	C							

51

52

			CF	C	2B		LF	
2B		CF			LF			
		3B	RF			CF	C	
3B	RF			2B		C		SS
CF			3B		SS			LF
SS		2B		LF			CF	1B
	CF	RF			C	SS		
			LF			2B		CF
	2B		SS	CF	3B			

53

3B				LF				RF
		2B	3B	P	1B	CF		
	LF	C				3B	P	
	1B		2B		P		CF	
LF	3B						2B	P
	P		SS		LF		1B	
	C	1B				P	3B	
		3B	RF	1B	CF	C		
CF				C				1B

54

SS	2B		C				CF	3B
RF		P		LF				2B
			2B		SS		P	
		3B		C		CF		1B
	CF		3B		2B		C	
P		C		CF		3B		
	1B		SS		RF			
CF				2B		1B		SS
LF	3B				CF		RF	C

55

	1B			3B		SS		
	SS				LF		1B	CF
CF		LF		SS		2B		
	2B		LF	P	1B			
LF		3B	SS		C	CF		1B
			3B	CF	2B		C	
		C		2B		P		RF
RF	3B		C				CF	
		P		1B			3B	

56

RF			SS	1B		C		CF
	SS	LF	C				2B	
C				P			SS	
			RF		P		CF	1B
CF		2B				3B		LF
3B	P		2B		LF			
	3B			SS				C
	LF				C	CF	1B	
P		C		LF	RF			2B

57

SS		C	LF					1B
	3B						LF	
		LF		3B	1B	SS		C
		CF	C	LF	2B			3B
		P	1B		3B	C		
3B			P	RF	CF	1B		
CF		3B	RF	1B		LF		
	1B						CF	
P					C	2B		SS

58

RF		C	2B			LF		
LF			C		SS		2B	P
				LF		1B	C	3B
		1B				SS	LF	
			1B		CF			
	2B	P				3B		
1B	RF	LF		CF				
2B	P		RF		1B			LF
		CF			P	2B		1B

59

1B			RF			LF		3B
	2B	SS			3B		RF	
LF		RF	1B			2B	C	
	1B			SS		RF		C
			P		RF			
RF		C		1B			LF	
	RF	3B			2B	C		LF
	C		LF			CF	3B	
CF		LF			1B			RF

60

		CF	RF			LF	C	
1B		RF		2B				
3B					C		P	2B
		1B	LF	RF	2B			SS
	SS		1B		CF		RF	
RF			SS	P	3B	1B		
SS	2B		C					P
				SS		2B		C
	1B	LF			P	SS		

3B						2B	LF	P
CF	SS			3B			RF	
1B		2B			C	CF		
		CF	C	SS	RF			
	C		3B		LF		SS	
			CF	P	2B	RF		
		P	1B			3B		LF
	2B			C			P	1B
LF	1B	SS						RF

61

62

						CF	2B	LF
LF			SS			RF		
1B	RF	2B		CF				
C		SS	2B		3B	1B	RF	
		P				LF		
	CF	RF	LF		1B	C		P
			1B		P	CF	RF
		3B		2B			1B
CF	C	1B						

63

			SS		1B	RF	2B	
CF		1B	P			3B		
SS	2B			3B			CF	
C			CF		3B		SS	RF
		CF				LF		
3B	RF		C		LF			1B
	CF			RF			1B	LF
		SS			CF	P		2B
	1B	C	2B		P			

64

			3B	SS		LF	C	
	SS		RF				1B	3B
LF		3B			1B	RF		SS
		RF	C			1B	CF	
P								C
	3B	C			LF	SS		
RF		SS	1B			CF		LF
C	CF				SS		3B	
	P	LF		2B	RF			

65

P						CF		1B
	1B			CF	SS		P	
SS		C		1B	P	2B		
	P	SS	CF		C			
	2B	RF				1B	CF	
			1B		2B	SS	LF	
		1B	3B	P		LF		SS
	SS		RF	2B			1B	
CF		LF						RF

66

	2B		CF	1B		LF		RF
	LF			P		1B		
	1B	RF	2B				CF	
					1B	3B		C
C			LF		SS			CF
RF		2B	3B					
	RF				P	CF	C	
		3B		C			LF	
LF		P		3B	CF		2B	

67

P	1B			LF			2B	3B
RF		C		2B				CF
		2B	1B			P	LF	
			3B		C	CF		
2B	C						1B	LF
		RF	2B		LF			
	RF	1B			2B	LF		
C				SS		RF		1B
LF	SS			RF			3B	C

68

		RF		LF		2B		
	C		RF		2B		3B	
2B			P	CF				RF
	3B		SS		P	LF	1B	
1B		LF				RF		SS
	RF	CF	1B		LF		P	
LF				3B	RF			P
	CF		2B		1B		LF	
		C		P		SS		

69

			CF	RF	P			
	CF		2B			LF	3B	
	SS	1B		LF		RF		
LF				2B			RF	CF
RF		CF	LF		C	1B		SS
1B	2B			CF				LF
		2B		1B		CF	C	
	LF	3B			2B		1B	
			RF	3B	CF			

70

3B			C	LF				P
1B	LF		CF		P	3B		RF
	P	C	3B					
						P	RF	LF
	SS			3B			2B	
2B	RF	1B						
					RF	2B	P	
RF		P	1B		CF		LF	3B
CF				P	3B			C

71

	C		SS	3B				
RF			C	CF		LF		
2B				1B		C	SS	CF
						CF	RF	
	CF	RF	3B		SS	P	1B	
	LF	P						
P	1B	2B		C				SS
		CF		P	1B			2B
				SS	CF		LF	

72

	1B		2B		SS		CF	
P	LF	SS		CF			1B	2B
		3B		RF		P	SS	
C								RF
	RF	LF				CF	P	
2B								SS
	CF	2B		LF		1B		
LF	C			2B		SS	3B	CF
	SS		CF		C		RF	

73

LF			P			RF		1B
	1B	2B		C			3B	
SS			RF		2B		C	
		LF		P		2B		3B
	2B		SS		3B		1B	
3B		P		2B		C		
	C		3B		LF			2B
	LF			CF		3B	SS	
CF		SS			C			LF

74

	SS		RF			P	CF	C
CF	LF		2B				SS	
		1B	SS	C				
				SS	LF			3B
2B	C						RF	LF
1B			CF	RF				
				3B	C	RF		
	RF				SS		C	CF
C	1B	3B			RF		2B	

75

SS	1B				RF	P	C	
3B				P		2B	SS	RF
		RF	C					
			SS	3B			2B	P
		LF				1B		
1B	P			2B	CF			
					3B	SS		
LF	SS	3B		1B				2B
	C	1B	2B				P	CF

MINOR LEAGUE PUZZLES

76

		SS	1B	2B		C		
	2B	RF			LF			
LF								RF
		C		CF	2B	RF	3B	
CF			RF		1B			LF
	RF	P	C	LF		SS		
SS								CF
			2B			LF	P	
		LF		RF	CF	3B		

77

		C	SS					
	CF			C			2B	
		1B	CF	RF		SS		3B
			RF		CF	C		LF
	SS	3B				RF	1B	
CF		RF	1B		C			
P		SS		CF	RF	LF		
	1B			P			CF	
					SS	P		

2B		SS		CF		1B		
	RF		3B	SS	2B			
LF				C				SS
	LF					CF	P	
		3B	CF		C	LF		
	C	CF					RF	
SS				1B				CF
			P	LF	CF		SS	
		RF		3B		2B		P

78

79

		CF	2B	1B				
	C				3B		1B	
	P	1B	CF		C		3B	2B
				CF			P	C
		P				LF		
CF	LF			P				
RF	3B		SS		1B	CF	LF	
	SS		LF				RF	
				2B	RF	C		

80

LF			1B		C		P	
CF				2B	RF		SS	
			CF		P	RF		
				RF		1B	2B	3B
	3B						RF	
P	CF	RF		3B				
		SS	RF		LF			
	P		C	1B				RF
	C		SS		3B			P

81

	1B	RF		3B			CF	
		2B		1B			RF	
	CF		C				1B	P
		3B	CF		1B			RF
2B								1B
1B			3B		LF	SS		
P	3B				RF		SS	
	SS			LF		RF		
	2B			CF		C	P	

82

C		LF	SS			3B		
	1B	SS		3B		LF	CF	
	3B							1B
			LF		1B		C	SS
		P				1B		
SS	RF		P		CF			
3B							2B	
	LF	CF		SS		RF	1B	
		RF			P	CF		C

83

	1B	C	3B	P		2B		
	P	CF		SS			LF	
			1B					3B
			2B			LF		RF
	3B	RF				CF	C	
CF		2B			3B			
SS					RF			
	C			3B		RF	P	
		3B		2B	SS	C	CF	

84

		C		1B	CF		2B	
	CF				2B	C	LF	
3B	2B	P						1B
RF			CF					SS
			C		1B			
SS					RF			C
C						P	1B	2B
	LF	1B	P				C	
	P		1B	2B		3B		

85

	3B		RF			CF	C	
1B		C		3B				SS
LF					1B		3B	
		1B	3B		RF			P
	P						1B	
SS			2B		P	LF		
	1B		CF					LF
P				2B		C		3B
	2B	LF			3B		RF	

86

			LF				P	
CF	C	LF					1B	
		RF		3B	SS	CF	LF	
		2B		CF				LF
		1B	C		LF	3B		
3B				2B		C		
	3B	SS	2B	1B		LF		
	1B					P	RF	SS
	P				RF			

87

		3B			2B		SS	
RF	LF	C		CF			1B	
					LF		RF	C
SS		LF		2B				
	1B		LF		C		CF	
				1B		SS		P
CF	C		3B					
	3B			LF		CF	C	SS
	RF		SS			1B		

88

			SS	RF			CF	
C		RF				3B		
	1B			CF	LF		2B	
		CF	1B		2B			SS
LF		1B				2B		C
2B			LF		RF	CF		
	P		RF	1B			3B	
		3B				1B		P
	2B			SS	P			

89

					C			
	P			SS		LF	3B	
	C	RF	2B			1B		
CF			SS	LF	3B	C		
	LF		P		2B		SS	
		C	1B	CF	RF			2B
		P			SS	CF	RF	
	3B	LF		RF			P	
			3B					

90

	C					2B	CF	
3B	SS		CF		RF		P	C
P					2B			
	2B	P		SS			1B	
			LF		CF			
	RF			3B		SS	2B	
			SS					RF
CF	P		2B		3B		LF	SS
	1B	3B					C	

91

	RF	3B		CF	P		C	
		CF	LF					P
		P	3B			RF	LF	
			RF	3B		2B		
C								3B
		2B		1B	SS			
	P	C			CF	3B		
3B					RF	P		
	2B		1B	P		LF	CF	

92

			3B			LF		SS
		LF		RF		P	3B	
P			SS	1B				
1B	C							LF
LF		RF	CF		SS	1B		C
2B							SS	3B
			CF	2B				1B
	P	1B		SS		2B		
3B		2B			1B			

93

	SS	P		3B				
		CF	SS					RF
					1B		SS	3B
		C	2B	1B	P		RF	
P			3B		LF			C
	LF		RF	CF	C	3B		
1B	C		LF					
SS					CF	RF		
				RF		1B	C	

94

2B		C			RF			LF
				2B		P	1B	3B
		1B		3B	CF			
	2B		P					C
		P		CF		LF		
1B					3B		P	
			2B	LF		3B		
LF	P	3B		RF				
C			3B			SS		CF

95

					CF			2B
		SS	C	1B				RF
P	3B	LF						
2B	CF			SS			LF	
	C	RF	3B		2B	SS	CF	
	SS			C			2B	1B
						2B	RF	C
RF				CF	SS	P		
3B			LF					

C				P				SS
		P	2B			C		
	LF		RF				P	
			1B	LF	RF	CF	SS	
RF			3B		CF			P
	1B	2B	P	C	SS			
	CF				P		LF	
		C			2B	SS		
1B				3B				RF

97

LF			3B					SS
	CF				1B	C	RF	
	RF	SS		P		3B		
	3B		RF		P			1B
		LF				P		
CF			1B		2B		3B	
		1B		2B		SS	CF	
	LF	CF	C				2B	
SS					3B			C

98

RF			LF				CF	SS
2B		CF			P	C		
	3B				CF		RF	
	P	LF		1B				RF
			C		3B			
1B				P		CF	C	
	2B		P				LF	
		C	SS			1B		P
LF	1B				C			CF

99

	2B		P					
3B					LF	RF		2B
CF				SS	3B	C		
	LF			C	SS			3B
SS		RF				CF		1B
2B			RF	LF			C	
		2B	SS	3B				RF
1B		3B	LF					P
					P		3B	

100

	C			SS			RF	
3B				LF	RF			P
		SS	C			2B		
	RF		P		LF	SS		
SS	CF						LF	C
		3B	SS		C		P	
		RF			2B	3B		
1B			3B	C				RF
	3B			1B			C	

101

CF			C		LF			SS
	C						LF	RF
	RF	SS	3B	2B				
				P	1B	2B		
1B		3B				RF		P
		P	SS	3B				
				CF	SS	1B	3B	
SS	1B						RF	
C			RF		2B			LF

102

CF		SS			P	3B		
RF					2B		1B	
	P		RF	3B	C			
2B	1B				CF	RF		
			C	LF	RF			
		RF	P				SS	3B
			CF	P	SS		3B	
	3B		1B					CF
		CF	2B			LF		1B

103

	P		SS	3B			LF	
3B	LF						C	P
			P		LF			
		P		SS		LF		CF
C			LF		P			SS
LF		RF		CF		C		
			3B		CF			
P	CF						1B	RF
	C			P	1B		3B	

104

RF		P		2B				
			RF	P				CF
	2B	SS	LF				P	
2B	RF				LF	3B		
	C	LF				CF	2B	
		3B	CF				C	LF
	SS				P	1B	RF	
CF				LF	RF			
				SS		LF		3B

105

SS	C	3B		RF	LF			1B
			3B	1B		RF	C	
			C			LF		3B
							1B	P
	1B			CF			LF	
C	2B							
3B		1B			2B			
	SS	C		3B	CF			
2B			RF	LF		3B	SS	C

106

				3B				
	P	SS		RF			CF	
		LF	P		C	SS	RF	
		CF	SS		P	1B		
P	2B						C	SS
		1B	2B		RF	CF		
	C	3B	RF		LF	2B		
	CF			SS		RF	3B	
				CF				

107

	1B			C		SS		
						P		CF
	RF		CF	2B	SS			1B
			SS	CF			2B	
	C	SS	1B		3B	CF	P	
	P			LF	2B			
3B			2B	1B	RF		LF	
1B		LF						
		RF		SS			1B	

108

SS						3B		2B
		P	SS	2B				
3B			LF		RF		P	
		3B		1B		C	2B	
	RF		P		2B		CF	
	LF	2B		3B		P		
	P		2B		1B			LF
				P	SS	1B		
RF		1B						P

109

SS	CF	LF					3B	RF
1B			SS	LF				2B
					1B			LF
		CF		SS			2B	
	SS		CF		C		1B	
	P			2B		LF		
C			RF					
CF				3B	P			1B
P	LF					CF	RF	3B

110

		3B			SS			
	1B			C			2B	
		C	3B	1B		RF		SS
3B			LF		1B	C		
	2B	1B				3B	RF	
		SS	RF		3B			CF
1B		2B		LF	P	CF		
	LF			RF			3B	
			1B		2B			

111

RF	CF				P			2B
		1B			2B	RF		SS
	2B	C				LF	3B	
2B	SS			LF				
			SS		1B			
			RF				SS	3B
	3B	RF				SS	C	
P		2B	1B			3B		
LF			C				P	CF

112

3B		C				1B		
1B			C	P			SS	
			2B		3B		P	CF
			SS			CF	1B	
CF	RF						3B	2B
	SS	2B			1B			
P	1B		3B		CF			
	CF			LF	C			3B
		3B				LF		1B

113

P	RF				C	SS		LF
		1B			3B			P
LF			P				RF	
1B	SS		CF		2B	LF		
		P	LF		RF		SS	C
	2B				1B			3B
3B			2B			RF		
CF		RF	3B				C	SS

114

2B	P	SS						3B
			SS			CF		P
	LF		3B					C
			C	SS	1B	LF	RF	
			CF		2B			
	1B	2B	P	RF	LF			
CF					SS		C	
LF		P			3B			
3B						1B	P	SS

115

		CF	LF	C				
RF	2B			SS				C
	LF	SS		P	3B		CF	
3B	1B		P					
		LF				P		
					C		LF	1B
	CF		1B	3B		RF	P	
LF				2B			1B	SS
			LF	CF	2B			

116

2B	CF		C					
			CF	RF				2B
	RF		1B		2B	CF		P
	1B	C		CF		2B		
	P			2B			RF	
		2B		C		LF	P	
C		P	RF		CF		3B	
SS				1B	C			
					3B		2B	RF

117

SS		2B			LF	P	C	
					1B		2B	
	CF		SS		P			
RF				3B		1B		CF
		CF	P		SS	LF		
2B		P		CF				3B
			C		2B		CF	
	2B		1B					
	LF	3B	RF			2B		C

118

		CF		3B		SS	P	
C	SS		P			RF	CF	
1B	P							3B
				1B			3B	
2B			3B		RF			SS
	CF			C				
SS							2B	RF
	1B	RF			3B		C	P
	2B	C		P		3B		

119

	LF		C			1B		
	P					C	SS	2B
1B	C				2B			
		1B	3B	LF	C			P
			2B		1B			
2B			SS	CF	RF	LF		
			1B				P	LF
SS	RF	CF					C	
		LF			3B		RF	

CF						2B	C	
		RF	P	C	SS	3B		
C					2B		P	
SS						1B		LF
			C	LF	3B			
LF		P						RF
	CF		LF					2B
		1B	2B	CF	P	LF		
	LF	2B						C

121

		LF	P				RF	CF
CF	3B						SS	
				SS	CF	1B		
			2B	CF			3B	LF
		C	3B		LF	SS		
RF	LF			P	1B			
		2B	CF	1B				
	RF						2B	SS
LF	SS				P	3B		

	CF			2B			LF	
1B		SS		P				RF
			RF		1B		3B	
		C	LF		CF	P		
CF	SS						2B	3B
		1B	2B		3B	SS		
	LF		CF		RF			
C				LF		3B		CF
	1B			C			SS	

123

RF				1B				C
	LF	3B			RF		1B	
1B	CF			3B		SS		
		LF			1B		P	RF
		CF				C		
2B	1B		P			3B		
		1B		LF			2B	3B
	C		2B			1B	CF	
CF				P				LF

124

2B	1B		3B		P			LF
CF					LF	1B		
					2B	3B		
	P		2B	SS	C			1B
	SS						C	
C			P	3B	1B		SS	
		P	1B					
		2B	LF					RF
1B			RF		CF		P	C

125

SS				1B	P			3B
	1B	3B			C		P	
			3B			2B		1B
				LF		SS		
2B	RF	C				LF	3B	P
		SS		2B				
CF		2B			1B			
	LF		SS			3B	1B	
3B			CF	C				2B

MAJOR LEAGUE PUZZLES

126

C	1B		RF	CF				P
				2B				CF
		RF				3B		
			2B		LF			3B
LF	C						1B	2B
3B			C		CF			
		LF				SS		
P				RF				
1B				LF	SS		3B	C

127

				P		SS	CF	RF
	SS	C		CF				
2B			3B					
		3B		C	RF			
C		RF				P		CF
			P	LF		1B		
					LF			P
				2B		3B	C	
3B	CF	2B		1B				

128

	2B	SS	LF	C		RF		
			P		1B			CF
		CF		2B				
	LF			P	SS			
	C						2B	
			2B	3B			1B	
				1B		3B		
3B			CF		P			
		1B		RF	C	SS	P	

129

	SS	CF		C	P		2B	
LF	3B					C		RF
			1B					
	LF	2B						SS
P								1B
SS					3B		RF	
			SS					
3B		2B					SS	P
	CF		P	3B		LF	1B	

130

	C	SS		RF				LF
RF				C				
			CF		3B		C	2B
		C					RF	
		RF	P	C	SS	CF		
	CF					LF		
C	1B		SS		P			
			3B					CF
CF				2B		SS	3B	

131

	3B	2B	C					CF
	1B	RF		P			C	
			RF				SS	
CF						C	RF	
			CF		2B			
	C	LF						2B
	CF				3B			
	SS			2B		CF	1B	
3B					1B	P	2B	

132

		P			SS		RF	CF
LF				P	CF			SS
					1B		2B	
2B		LF				SS		
			CF		RF			
		SS				3B		P
	2B		1B					
1B			SS	RF				LF
CF	LF		3B			2B		

133

				3B		C		SS
2B					P		RF	
			LF	CF			3B	
		P				SS	2B	
SS			CF		3B			P
	2B	LF				RF		
	SS			RF	CF			
	RF		C					2B
CF		2B		LF				

134

		LF	P	C			
	P				RF		2B	
					LF			1B
	3B	SS	2B		C			CF
C								2B
CF			3B		SS	LF	P	
3B			C					
	RF		CF				C	
				RF	3B	SS		

135

	3B	P			CF	2B		
1B			P	RF				
CF		RF					1B	
					RF		CF	P
	1B		LF		3B		C	
3B	RF		SS					
	P					1B		2B
				3B	P			LF
		C	RF			CF	P	

136

CF			RF				P	1B
P			LF		CF			
		RF				3B		
	C			RF			SS	LF
			SS		1B			
RF	CF			P			3B	
		1B				P		
			2B		3B			RF
LF	2B				RF			C

137

					RF		SS	
CF				3B		RF		
	1B	SS			P	CF		
1B		LF		2B				
	2B		SS		LF		1B	
			1B		2B			CF
		RF	P			1B	3B	
		1B		C				SS
	C		3B					

138

	CF	C					1B	
SS			2B	P	1B			LF
								3B
	2B			3B			P	
	P		SS		C		3B	
	LF			CF			2B	
LF								
CF			RF	SS	LF			2B
	SS					1B	LF	

139

	1B		SS		2B			
	2B		1B				3B	RF
		3B				1B		
RF			C		P		2B	SS
CF	P		2B		SS			LF
		SS				P		
P	C				CF		RF	
			3B		1B		SS	

140

		C	2B	CF				
	P		RF	1B				LF
1B	LF							
LF		RF				1B		
	3B	P				RF	2B	
		1B				LF		P
							CF	3B
C				LF	CF		P	
				SS	RF	2B		

141

SS							C	LF
P	C			RF			3B	
		CF	3B			RF		
			RF		1B	LF		
	P						2B	
		2B	P		LF			
		P			SS	2B		
	LF			CF			1B	3B
RF	1B							CF

142

C					3B	SS		
			CF				1B	
RF	1B			C				
		1B		SS	2B	C	LF	
			RF		P			
	SS	3B	C	LF		CF		
				P			SS	CF
	P				C			
		RF	2B					LF

143

					C	CF		LF
	CF	P		LF				1B
C				SS				
		CF			RF		C	
LF	SS						2B	P
	2B		LF			SS		
			C					RF
CF				RF		2B	1B	
RF		1B	P					

144

P									LF	1B
CF				3B	RF					
		SS				LF		RF		
		2B			SS				C	
	C			P		2B			3B	
	P				3B			SS		
		3B		LF				C		
					1B	C				CF
1B	SS									P

145

2B					LF	SS		
			CF			3B	LF	
				SS	C			
CF	2B				RF			SS
3B	1B						C	CF
SS			LF				3B	RF
			C	LF				
	3B	1B			CF			
		C	RF					LF

146

		C	RF	1B			
	RF	2B			CF		C	P
P								SS
			P				3B	2B
		RF				P		
C	P				3B			
LF								RF
2B	3B		CF			SS	P	
				2B	1B	C		

147

		C			LF		CF	
RF		LF				C		
	3B				C		P	RF
LF		SS		1B				
			LF		3B			
				CF		2B		C
1B	C		3B				RF	
		RF				3B		CF
	CF		1B			P		

148

			C	CF				1B
SS		P					2B	
		C	SS		P		RF	
3B			RF					2B
		1B	2B		C	SS		
2B					SS			3B
	1B		LF		2B	CF		
	P					C		RF
LF				C	RF			

149

		CF		LF			RF	1B
	2B				RF		C	
		LF	3B					
		3B		SS				CF
SS			C		2B			P
2B				RF		SS		
					3B	C		
	1B		SS				CF	
LF	3B			2B		P		

150

			P		RF	3B		SS
		C						RF
SS		P	LF	2B				
LF	C	RF						
	3B						LF	
						P	RF	C
			3B	1B	2B			LF
C					SS			
2B		LF	CF		C			

151

	LF					P		
	2B	SS			RF		1B	C
1B			C				CF	
	C			2B		CF		
			1B		LF			
		CF		SS			P	
	CF				3B			1B
3B	1B		CF			C	SS	
		RF					3B	

152

	1B		3B					LF
		CF		P				2B
		SS	RF		CF		C	
CF						3B		
	SS	2B				C	P	
		1B						CF
	2B		C		P	LF		
1B				3B		2B		
LF					1B		RF	

153

			3B				LF	
LF	SS	P					CF	
				1B	LF		SS	
		2B	P		RF			3B
		3B				RF		
RF			C		2B	LF		
	2B		LF	P				
	3B					1B	2B	CF
	C				3B			

154

		SS	RF	LF			C	
RF	1B						3B	
					P			1B
		CF		SS				P
P			1B		RF			C
C			3B		LF			
LF		2B						
	CF						LF	2B
	RF			P	LF	C		

155

		LF	P	C	CF			2B
					2B			
	P	2B						LF
		1B					C	SS
	C	CF				1B	3B	
P	3B					LF		
RF						P	CF	
			CF					
CF			1B	3B	LF	C		

156

SS				2B				
			1B	CF			SS	C
CF	P		3B					
				P		3B	RF	
		P	RF		3B	LF		
	LF	RF		1B				
				LF			P	2B
LF	CF			RF	1B			
				3B				CF

157

	P						CF	
		LF				1B	C	
CF			LF		1B			SS
			CF	RF			P	3B
			1B		LF			
LF	RF			C	2B			
2B			3B		RF			C
	3B	1B				P		
	C						2B	

158

2B	1B	RF						
	C			P	SS			
3B					1B	LF		
	2B				RF			P
	RF		3B	SS	P		1B	
SS			1B				3B	
		CF	P					SS
			2B	LF			RF	
						P	LF	1B

159

	RF	1B			LF		SS	
LF			C					CF
				2B				C
1B		P		LF			C	
			P		3B			
	3B			2B		LF		1B
P			2B					
SS					1B			RF
	C		SS			P	1B	

160

				C	SS			CF
C		3B	CF				P	2B
		P				1B	LF	
		1B		LF	CF			
	LF						C	
			2B	3B		RF		
	P	2B				C		
LF	3B				1B	2B		RF
RF			C	2B				

161

		LF		2B	P	3B		
	C		RF					1B
	P	CF						2B
LF			CF					
C			1B		3B			LF
					RF			CF
P						CF	1B	
CF					SS		RF	
		RF	3B	C		LF		

162

	2B		RF			SS		
		C						2B
1B			P	2B			3B	C
SS	RF						1B	
			CF		2B			
	3B						C	SS
C	1B			CF	LF			P
3B						LF		
		LF			RF		SS	

163

				1B			SS	
		2B		SS			LF	3B
P	1B	SS					CF	
CF					C		2B	
		3B	CF		1B	C		
	2B		SS					1B
	LF					RF	3B	P
1B	RF			CF		LF		
	3B			LF				

164

P					1B		CF	LF
LF	1B				2B		RF	
		C				P		
1B	P			SS				
		LF		RF				
			C			3B	P
		P				LF		
	C		SS				P	CF
3B	LF		RF					1B

165

1B	LF		SS		CF		P	
	SS	CF		2B				RF
					1B			LF
				1B				3B
		2B	P		RF	1B		
RF				SS				
SS			C					
C				CF		P	LF	
	CF		1B		LF		RF	C

166

C		1B		P		LF		
		RF	1B				SS	
SS				LF			CF	
3B		2B			SS			
			C		RF			
			P			SS		LF
	RF			SS				C
	1B				P	2B		
		SS		C		3B		1B

167

RF				C	1B			LF
	CF				LF		1B	
		C			SS	CF		
3B	SS	RF						
2B								P
						LF	3B	SS
		CF	RF			SS		
	P		SS				C	
SS			1B	3B				CF

168

			3B		RF		C	
LF	3B				C		SS	
		RF				3B		
1B	RF			C				SS
			SS		CF			
P				2B			LF	CF
		3B				LF		
	2B		LF				RF	C
	C		RF		P			

169

	RF		3B		C		P	
LF	P						3B	C
					CF			
P		3B		SS				1B
			C		LF			
SS				1B		CF		2B
			RF					
2B	CF						C	P
	C		2B		P		1B	

170

			1B	P	2B	C		
	3B	C		SS				
2B				LF		RF		
	2B						SS	
P		SS				LF		C
	C						3B	
		P		C				1B
				2B		SS	C	
		2B	SS	RF	LF			

171

SS					2B	C		CF
		RF		P			LF	
					C		RF	2B
			SS	LF				P
	3B						SS	
CF				2B	RF			
P	LF		CF					
	CF			RF		P		
C		3B	P					LF

172

	C				RF			
		2B	3B		LF			1B
		SS			1B	LF	RF	
3B	P	C					2B	
	SS					1B	3B	CF
	CF	LF	2B			SS		
SS			CF		3B	C		
			C				CF	

173

LF			CF	3B			P	2B
C	P							
			LF			RF		
		CF		P	3B			
		P	RF		C	SS		
			SS	LF		3B		
		2B			LF			
							3B	SS
3B	CF			RF	2B			C

174

CF	3B					LF		2B
			2B			P		RF
P	RF			SS				
				1B			P	
		3B	LF		RF	CF		
	P			2B				
				LF			RF	C
SS		RF			C			
LF		1B					3B	CF

175

		LF			C			
3B		P				CF		2B
				LF	CF		3B	SS
	CF			2B			RF	
2B								LF
	P			SS			1B	
C	3B		SS	CF				
SS		2B				LF		3B
			3B			RF		

HALL OF FAME PUZZLES

176

	1B			CF	SS	2B		
LF	SS	C			P			
						1B		
			P				LF	
		1B	2B		CF	C		
	CF				RF			
		LF						
			C			SS	P	2B
		P	RF	SS			3B	

177

	SS					1B		
				C	CF	P		
	P	CF		RF				
		2B	3B					P
LF	RF						2B	SS
3B					P	C		
				P		CF	C	
		1B	C	SS				
		LF					1B	

178

	CF		3B					
SS				P		RF		1B
		2B				CF	SS	
						P	3B	CF
			2B		SS			
C	RF	LF						
	C	RF				SS		
3B		P		LF				C
					RF		1B	

179

CF					SS		C	
					SS			
		3B			1B	CF	SS	LF
P	CF				RF	1B		
			C		LF			
		1B	SS				3B	2B
3B	C	CF	1B			P		
			P					
	1B							3B

180

			3B			C		
P			SS	CF		3B		
C			RF				CF	SS
CF							P	
			LF	C	CF			
	RF							3B
1B	C				2B			CF
		LF		RF	3B			P
		2B			1B			

181

					3B		LF	
	SS	1B			RF			
		2B				3B		
C				CF				
2B		P				SS		1B
				P				C
		CF				LF		
			RF			2B	SS	
	RF		1B					

182

RF			P	LF				3B
				CF		RF	SS	
		CF	2B					
	RF			2B				
2B	SS						RF	C
				3B			2B	
					P	LF		
	1B	3B		C				
CF				SS	1B			P

183

			CF					
P	LF	CF		RF				
	RF			LF			CF	
	P	2B	RF	CF				
RF								1B
				C	3B	2B	SS	
	3B			2B			1B	
				1B		SS	2B	LF
					SS			

184

2B						LF		CF
	SS		1B			RF		
C					SS			
1B	CF			2B	C			
		2B		RF		SS		
			SS	LF			CF	3B
			RF					LF
		C			3B		P	
CF		LF						SS

185

			CF	SS			3B	
2B		3B						
		SS					C	2B
		CF			1B		LF	
			SS		RF			
	3B		P			RF		
C	P					2B		
						SS		C
	RF			C	3B			

186

	RF		C				LF	2B
			CF	3B				
	P	2B	SS					
SS	2B					LF		
1B								CF
		LF					2B	SS
					P	RF	SS	
				1B	SS			
RF	3B				CF		C	

187

	P						2B	
		LF		2B			C	
2B		3B	P		SS			
LF		1B			P			
		C				P		
			SS			1B		2B
			2B		C	RF		1B
	CF			1B		2B		
	RF						LF	

188

			1B		SS			
3B				RF	C		SS	
						2B		CF
SS				1B			C	
		1B	P		3B	CF		
	3B			LF				1B
RF		3B						
	SS		LF	C				RF
			2B		RF			

189

		SS				CF		C
	3B							LF
CF			1B				RF	
P			3B					2B
	SS		RF		CF		3B	
LF					1B			RF
	LF				RF			3B
3B							2B	
2B		CF				LF		

190

	P				CF			LF
				SS				
3B	C	SS						2B
		3B	CF		P			
	1B	C				3B	RF	
			C		1B	P		
RF						SS	CF	1B
				1B				
1B			RF				2B	

191

						P	2B	
			SS	LF				CF
	SS	P	2B					
			C			CF	1B	
	3B			1B			RF	
	1B	LF			P			
					SS	RF	P	
SS			RF	C				
	RF	CF						

192

1B	3B					2B	CF	
CF			RF	3B				
C								P
				2B	3B			
SS		2B		LF		RF		3B
			CF	C				
LF								1B
			SS	CF				C
	RF	C					LF	CF

193

		RF			P		CF	
SS	3B			RF				
						C	LF	
P			2B		1B			
	2B	SS				P	C	
			LF		C			2B
	SS	2B						
				CF			P	SS
	LF		3B			RF		

194

3B	C							
	P					LF		RF
	LF			SS	RF			
					3B	1B		
CF			RF		P			C
		P	C					
			CF	2B			RF	
SS		1B					2B	
							LF	P

195

		C		3B				
	1B				SS			RF
		2B			3B			C
	3B			P			1B	
2B			3B		CF			P
	CF			C			2B	
RF		CF			C			
3B			SS				P	
				LF		RF		

196

					1B		C	LF
			P	3B			RF	
RF		3B			C	2B		
		SS						2B
	2B						1B	
LF						RF		
		2B	1B			CF		C
	1B			2B	3B			
CF	SS		C					

197

			3B	2B		1B		
1B	RF				P			
SS				C			P	
	LF					RF		
3B			LF		CF			1B
		RF					3B	
	2B			1B				LF
			2B				SS	C
		SS		P	RF			

198

1B	SS							
RF			CF				C	
2B				SS	RF			
				P		RF	LF	SS
		3B				2B		
SS	RF	CF		2B				
			C	CF				LF
	P				3B			RF
							2B	P

199

RF		1B			SS			
3B						P	LF	
	LF				1B			C
			P	C		3B		
		SS				C		
		C		LF	3B			
C			2B				P	
	1B	RF						2B
			C			SS		RF

200

	RF				CF			
	LF	CF	1B				C	3B
						CF		SS
		C	2B	CF				
		LF				3B		
				C	SS	2B		
LF		1B						
P	SS				RF	C	LF	
			P				SS	

1

2B	LF	3B	RF	CF	1B	SS	C	P
P	SS	1B	C	LF	2B	RF	CF	3B
RF	CF	C	3B	SS	P	1B	LF	2B
SS	1B	LF	P	3B	CF	C	2B	RF
3B	C	RF	2B	1B	LF	CF	P	SS
CF	2B	P	SS	RF	C	3B	1B	LF
LF	3B	2B	1B	C	SS	P	RF	CF
1B	RF	CF	LF	P	3B	2B	SS	C
C	P	SS	CF	2B	RF	LF	3B	1B

2

LF	SS	RF	1B	3B	P	C	2B	CF
CF	C	1B	2B	LF	SS	RF	3B	P
2B	3B	P	C	RF	CF	SS	1B	LF
P	CF	LF	RF	2B	C	3B	SS	1B
RF	1B	C	SS	CF	3B	P	LF	2B
3B	2B	SS	P	1B	LF	CF	RF	C
SS	RF	CF	LF	P	2B	1B	C	3B
1B	LF	3B	CF	C	RF	2B	P	SS
C	P	2B	3B	SS	1B	LF	CF	RF

3

SS	RF	1B	2B	P	3B	CF	LF	C
2B	C	P	1B	CF	LF	3B	RF	SS
3B	CF	LF	C	SS	RF	2B	1B	P
RF	LF	3B	SS	C	P	1B	2B	CF
C	2B	SS	RF	1B	CF	LF	P	3B
1B	P	CF	LF	3B	2B	SS	C	RF
CF	3B	RF	P	LF	1B	C	SS	2B
LF	SS	2B	CF	RF	C	P	3B	1B
P	1B	C	3B	2B	SS	RF	CF	LF

4

3B	CF	LF	2B	RF	1B	C	SS	P
C	RF	2B	3B	SS	P	CF	LF	1B
SS	P	1B	LF	C	CF	RF	3B	2B
P	2B	RF	1B	CF	SS	3B	C	LF
LF	3B	C	RF	P	2B	1B	CF	SS
1B	SS	CF	C	LF	3B	2B	P	RF
2B	1B	SS	P	3B	C	LF	RF	CF
RF	C	P	CF	1B	LF	SS	2B	3B
CF	LF	3B	SS	2B	RF	P	1B	C

5

CF	LF	1B	2B	RF	P	3B	C	SS
SS	2B	P	C	1B	3B	RF	CF	LF
RF	C	3B	LF	CF	SS	1B	2B	P
LF	SS	CF	P	C	1B	2B	3B	RF
C	3B	RF	CF	SS	2B	P	LF	1B
1B	P	2B	3B	LF	RF	C	SS	CF
2B	CF	LF	1B	P	C	SS	RF	3B
P	RF	C	SS	3B	LF	CF	1B	2B
3B	1B	SS	RF	2B	CF	LF	P	C

6

C	CF	RF	P	LF	3B	2B	1B	SS
P	2B	SS	CF	RF	1B	LF	3B	C
1B	3B	LF	SS	C	2B	P	RF	CF
RF	1B	CF	2B	P	LF	C	SS	3B
SS	C	2B	RF	3B	CF	1B	LF	P
LF	P	3B	C	1B	SS	CF	2B	RF
CF	SS	1B	3B	2B	C	RF	P	LF
2B	RF	C	LF	SS	P	3B	CF	1B
3B	LF	P	1B	CF	RF	SS	C	2B

7

RF	2B	CF	SS	1B	LF	3B	P	C
3B	P	C	RF	2B	CF	SS	LF	1B
LF	1B	SS	C	P	3B	RF	CF	2B
2B	CF	RF	1B	C	P	LF	3B	SS
SS	LF	1B	3B	RF	2B	P	C	CF
C	3B	P	CF	LF	SS	1B	2B	RF
CF	C	LF	P	SS	1B	2B	RF	3B
1B	RF	2B	LF	3B	C	CF	SS	P
P	SS	3B	2B	CF	RF	C	1B	LF

8

CF	RF	1B	C	P	LF	SS	3B	2B
SS	LF	C	1B	3B	2B	CF	P	RF
P	3B	2B	RF	CF	SS	1B	C	LF
2B	P	LF	3B	RF	CF	C	SS	1B
3B	C	RF	P	SS	1B	LF	2B	CF
1B	SS	CF	2B	LF	C	3B	RF	P
C	1B	3B	LF	2B	P	RF	CF	SS
RF	CF	P	SS	1B	3B	2B	LF	C
LF	2B	SS	CF	C	RF	P	1B	3B

9

1B	CF	LF	3B	P	2B	RF	SS	C
3B	RF	2B	SS	1B	C	LF	CF	P
P	SS	C	CF	LF	RF	1B	3B	2B
LF	3B	RF	2B	SS	P	C	1B	CF
2B	1B	P	LF	C	CF	3B	RF	SS
SS	C	CF	RF	3B	1B	2B	P	LF
C	LF	1B	P	RF	SS	CF	2B	3B
RF	2B	SS	C	CF	3B	P	LF	1B
CF	P	3B	1B	2B	LF	SS	C	RF

10

RF	CF	P	3B	1B	LF	2B	C	SS
SS	3B	LF	P	2B	C	RF	CF	1B
2B	C	1B	RF	SS	CF	P	3B	LF
CF	2B	RF	C	3B	1B	SS	LF	P
LF	P	C	CF	RF	SS	3B	1B	2B
3B	1B	SS	LF	P	2B	C	RF	CF
1B	SS	3B	2B	LF	RF	CF	P	C
C	RF	2B	1B	CF	P	LF	SS	3B
P	LF	CF	SS	C	3B	1B	2B	RF

11

3B	P	C	1B	2B	RF	CF	LF	SS
1B	2B	LF	CF	SS	3B	RF	C	P
CF	SS	RF	LF	P	C	3B	1B	2B
P	RF	2B	C	3B	SS	LF	CF	1B
C	CF	3B	2B	1B	LF	P	SS	RF
LF	1B	SS	P	RF	CF	2B	3B	C
SS	LF	CF	RF	C	2B	1B	P	3B
2B	C	P	3B	LF	1B	SS	RF	CF
RF	3B	1B	SS	CF	P	C	2B	LF

12

C	2B	1B	SS	RF	CF	P	3B	LF
3B	RF	LF	C	P	1B	SS	CF	2B
P	CF	SS	2B	3B	LF	C	1B	RF
LF	1B	RF	P	SS	C	CF	2B	3B
SS	C	2B	LF	CF	3B	1B	RF	P
CF	3B	P	1B	2B	RF	LF	C	SS
RF	LF	3B	CF	1B	P	2B	SS	C
1B	SS	C	RF	LF	2B	3B	P	CF
2B	P	CF	3B	C	SS	RF	LF	1B

13

LF	C	1B	CF	P	2B	SS	3B	RF
2B	P	3B	LF	RF	SS	1B	CF	C
CF	RF	SS	C	3B	1B	2B	P	LF
1B	LF	CF	SS	2B	P	C	RF	3B
SS	3B	C	1B	CF	RF	LF	2B	P
RF	2B	P	3B	C	LF	CF	1B	SS
3B	CF	RF	2B	SS	C	P	LF	1B
P	SS	LF	RF	1B	CF	3B	C	2B
C	1B	2B	P	LF	3B	RF	SS	CF

14

1B	RF	P	LF	C	3B	CF	SS	2B
CF	LF	SS	2B	P	1B	3B	RF	C
3B	C	2B	RF	CF	SS	LF	P	1B
P	CF	RF	C	2B	LF	1B	3B	SS
LF	1B	3B	SS	RF	CF	C	2B	P
2B	SS	C	3B	1B	P	RF	LF	CF
SS	P	LF	1B	3B	C	2B	CF	RF
C	2B	CF	P	LF	RF	SS	1B	3B
RF	3B	1B	CF	SS	2B	P	C	LF

15

LF	2B	C	P	SS	RF	3B	1B	CF
P	3B	1B	2B	CF	LF	C	SS	RF
CF	RF	SS	C	3B	1B	P	LF	2B
SS	CF	RF	3B	P	2B	LF	C	1B
1B	LF	3B	RF	C	CF	2B	P	SS
C	P	2B	LF	1B	SS	RF	CF	3B
3B	SS	P	CF	2B	C	1B	RF	LF
2B	1B	LF	SS	RF	P	CF	3B	C
RF	C	CF	1B	LF	3B	SS	2B	P

16

RF	C	2B	LF	P	1B	3B	CF	SS
CF	3B	LF	C	RF	SS	2B	P	1B
1B	SS	P	3B	CF	2B	C	LF	RF
C	1B	3B	2B	LF	CF	SS	RF	P
LF	2B	RF	1B	SS	P	CF	3B	C
P	CF	SS	RF	C	3B	LF	1B	2B
2B	P	C	CF	3B	RF	1B	SS	LF
3B	RF	1B	SS	2B	LF	P	C	CF
SS	LF	CF	P	1B	C	RF	2B	3B

17

2B	SS	1B	CF	LF	RF	P	3B	C
RF	P	CF	SS	C	3B	LF	1B	2B
3B	LF	C	1B	2B	P	SS	CF	RF
SS	2B	RF	LF	CF	1B	3B	C	P
P	C	LF	2B	3B	SS	CF	RF	1B
1B	CF	3B	RF	P	C	2B	SS	LF
CF	1B	SS	P	RF	LF	C	2B	3B
C	RF	P	3B	SS	2B	1B	LF	CF
LF	3B	2B	C	1B	CF	RF	P	SS

18

1B	LF	RF	2B	C	P	SS	CF	3B
3B	SS	P	LF	RF	CF	1B	2B	C
CF	2B	C	1B	3B	SS	RF	LF	P
C	CF	1B	RF	2B	3B	P	SS	LF
P	3B	SS	CF	1B	LF	C	RF	2B
LF	RF	2B	SS	P	C	CF	3B	1B
RF	P	3B	C	SS	2B	LF	1B	CF
SS	C	CF	3B	LF	1B	2B	P	RF
2B	1B	LF	P	CF	RF	3B	C	SS

227

19

C	LF	SS	2B	1B	CF	RF	P	3B
2B	1B	CF	P	3B	RF	SS	LF	C
RF	3B	P	LF	SS	C	CF	1B	2B
P	CF	LF	3B	2B	SS	C	RF	1B
SS	2B	C	RF	LF	1B	3B	CF	P
3B	RF	1B	C	CF	P	2B	SS	LF
LF	SS	2B	CF	P	3B	1B	C	RF
1B	P	RF	SS	C	2B	LF	3B	CF
CF	C	3B	1B	RF	LF	P	2B	SS

20

1B	2B	C	LF	CF	P	3B	RF	SS
3B	RF	LF	SS	2B	C	CF	P	1B
CF	SS	P	RF	1B	3B	2B	LF	C
LF	CF	1B	P	SS	RF	C	2B	3B
SS	3B	RF	CF	C	2B	LF	1B	P
C	P	2B	1B	3B	LF	SS	CF	RF
RF	1B	SS	3B	LF	CF	P	C	2B
P	C	CF	2B	RF	SS	1B	3B	LF
2B	LF	3B	C	P	1B	RF	SS	CF

21

1B	C	LF	SS	3B	2B	CF	P	RF
RF	3B	2B	LF	P	CF	1B	C	SS
SS	CF	P	C	RF	1B	2B	3B	LF
2B	SS	3B	CF	LF	C	P	RF	1B
P	RF	CF	3B	1B	SS	LF	2B	C
LF	1B	C	RF	2B	P	SS	CF	3B
CF	2B	SS	1B	C	3B	RF	LF	P
3B	P	RF	2B	SS	LF	C	1B	CF
C	LF	1B	P	CF	RF	3B	SS	2B

22

P	3B	SS	C	1B	RF	LF	2B	CF
CF	C	1B	SS	2B	LF	3B	RF	P
2B	LF	RF	3B	CF	P	1B	SS	C
1B	P	2B	RF	LF	CF	C	3B	SS
C	CF	3B	P	SS	2B	RF	1B	LF
RF	SS	LF	1B	C	3B	P	CF	2B
3B	2B	CF	LF	P	1B	SS	C	RF
SS	1B	P	CF	RF	C	2B	LF	3B
LF	RF	C	2B	3B	SS	CF	P	1B

23

SS	1B	P	RF	3B	CF	2B	C	LF
LF	CF	C	1B	SS	2B	3B	RF	P
3B	2B	RF	LF	C	P	1B	SS	CF
C	SS	CF	3B	2B	RF	P	LF	1B
RF	3B	1B	C	P	LF	SS	CF	2B
P	LF	2B	CF	1B	SS	C	3B	RF
2B	P	LF	SS	CF	C	RF	1B	3B
CF	C	3B	P	RF	1B	LF	2B	SS
1B	RF	SS	2B	LF	3B	CF	P	C

24

1B	CF	2B	C	P	RF	LF	3B	SS
C	3B	P	CF	LF	SS	RF	1B	2B
SS	RF	LF	3B	2B	1B	CF	C	P
RF	SS	3B	P	C	LF	2B	CF	1B
P	1B	CF	RF	SS	2B	3B	LF	C
2B	LF	C	1B	3B	CF	P	SS	RF
LF	2B	1B	SS	CF	P	C	RF	3B
CF	C	SS	2B	RF	3B	1B	P	LF
3B	P	RF	LF	1B	C	SS	2B	CF

25

C	P	RF	SS	LF	1B	2B	3B	CF
LF	1B	2B	C	CF	3B	SS	RF	P
3B	SS	CF	2B	RF	P	C	LF	1B
SS	3B	LF	P	2B	C	1B	CF	RF
2B	RF	P	LF	1B	CF	3B	SS	C
1B	CF	C	RF	3B	SS	P	2B	LF
P	2B	3B	CF	C	RF	LF	1B	SS
CF	LF	SS	1B	P	2B	RF	C	3B
RF	C	1B	3B	SS	LF	CF	P	2B

26

3B	2B	1B	CF	SS	RF	P	LF	C
SS	RF	P	3B	LF	C	CF	2B	1B
C	LF	CF	1B	2B	P	SS	3B	RF
1B	CF	RF	2B	3B	SS	LF	C	P
P	C	2B	RF	1B	LF	3B	CF	SS
LF	SS	3B	P	C	CF	RF	1B	2B
2B	1B	SS	LF	P	3B	C	RF	CF
CF	P	LF	C	RF	2B	1B	SS	3B
RF	3B	C	SS	CF	1B	2B	P	LF

27

RF	P	C	3B	2B	CF	LF	SS	1B
1B	SS	CF	P	C	LF	2B	3B	RF
2B	LF	3B	SS	1B	RF	CF	C	P
SS	C	P	RF	3B	2B	1B	CF	LF
3B	2B	RF	LF	CF	1B	C	P	SS
LF	CF	1B	C	SS	P	RF	2B	3B
C	RF	2B	1B	P	3B	SS	LF	CF
P	1B	SS	CF	LF	C	3B	RF	2B
CF	3B	LF	2B	RF	SS	P	1B	C

28

P	CF	1B	C	LF	SS	3B	RF	2B
SS	2B	3B	CF	P	RF	C	1B	LF
LF	RF	C	1B	2B	3B	CF	SS	P
C	P	LF	3B	1B	2B	RF	CF	SS
1B	3B	RF	P	SS	CF	LF	2B	C
CF	SS	2B	LF	RF	C	1B	P	3B
2B	C	SS	RF	CF	LF	P	3B	1B
RF	LF	P	SS	3B	1B	2B	C	CF
3B	1B	CF	2B	C	P	SS	LF	RF

29

1B	CF	3B	LF	SS	P	C	RF	2B
RF	P	2B	CF	1B	C	LF	SS	3B
LF	C	SS	2B	3B	RF	P	1B	CF
2B	SS	C	P	RF	3B	CF	LF	1B
3B	RF	1B	C	LF	CF	2B	P	SS
CF	LF	P	1B	2B	SS	RF	3B	C
SS	2B	LF	RF	CF	1B	3B	C	P
C	3B	RF	SS	P	2B	1B	CF	LF
P	1B	CF	3B	C	LF	SS	2B	RF

30

P	C	3B	1B	CF	SS	LF	RF	2B
2B	1B	SS	RF	P	LF	CF	3B	C
RF	CF	LF	2B	3B	C	SS	1B	P
SS	3B	C	P	1B	2B	RF	CF	LF
CF	P	RF	C	LF	3B	2B	SS	1B
1B	LF	2B	CF	SS	RF	P	C	3B
3B	2B	1B	SS	RF	P	C	LF	CF
LF	SS	P	3B	C	CF	1B	2B	RF
C	RF	CF	LF	2B	1B	3B	P	SS

31

1B	P	SS	RF	CF	3B	C	LF	2B
LF	CF	RF	C	2B	P	3B	1B	SS
3B	2B	C	LF	1B	SS	P	RF	CF
2B	RF	3B	P	C	LF	CF	SS	1B
P	LF	CF	1B	SS	RF	2B	C	3B
SS	C	1B	2B	3B	CF	RF	P	LF
CF	1B	2B	SS	RF	C	LF	3B	P
RF	3B	P	CF	LF	1B	SS	2B	C
C	SS	LF	3B	P	2B	1B	CF	RF

32

P	CF	LF	RF	2B	3B	1B	C	SS
RF	2B	C	SS	P	1B	3B	LF	CF
3B	1B	SS	LF	CF	C	2B	RF	P
CF	3B	1B	C	LF	SS	P	2B	RF
LF	RF	P	3B	1B	2B	CF	SS	C
C	SS	2B	CF	RF	P	LF	1B	3B
1B	C	RF	P	3B	LF	SS	CF	2B
SS	LF	3B	2B	C	CF	RF	P	1B
2B	P	CF	1B	SS	RF	C	3B	LF

33

C	1B	RF	3B	P	2B	CF	LF	SS
CF	2B	P	1B	SS	LF	C	RF	3B
3B	SS	LF	C	CF	RF	P	2B	1B
2B	3B	SS	RF	LF	P	1B	CF	C
LF	CF	C	2B	3B	1B	RF	SS	P
RF	P	1B	SS	C	CF	LF	3B	2B
1B	C	CF	LF	2B	3B	SS	P	RF
SS	LF	2B	P	RF	C	3B	1B	CF
P	RF	3B	CF	1B	SS	2B	C	LF

34

P	1B	2B	SS	CF	C	LF	3B	RF
SS	3B	CF	P	RF	LF	C	1B	2B
RF	C	LF	2B	1B	3B	P	SS	CF
1B	RF	SS	3B	2B	P	CF	LF	C
C	CF	P	1B	LF	RF	3B	2B	SS
LF	2B	3B	CF	C	SS	1B	RF	P
2B	SS	1B	LF	P	CF	RF	C	3B
3B	P	C	RF	SS	1B	2B	CF	LF
CF	LF	RF	C	3B	2B	SS	P	1B

35

SS	3B	CF	LF	RF	2B	1B	P	C
LF	P	C	1B	CF	SS	RF	2B	3B
1B	RF	2B	C	P	3B	SS	LF	CF
C	2B	RF	P	SS	1B	3B	CF	LF
P	1B	LF	3B	2B	CF	C	SS	RF
3B	CF	SS	RF	C	LF	2B	1B	P
2B	C	3B	CF	1B	P	LF	RF	SS
RF	SS	P	2B	LF	C	CF	3B	1B
CF	LF	1B	SS	3B	RF	P	C	2B

36

2B	3B	1B	P	C	CF	SS	LF	RF
C	P	RF	2B	LF	SS	1B	3B	CF
SS	CF	LF	1B	RF	3B	2B	C	P
RF	2B	CF	LF	P	1B	C	SS	3B
3B	SS	C	RF	CF	2B	LF	P	1B
1B	LF	P	3B	SS	C	RF	CF	2B
CF	RF	SS	C	2B	P	3B	1B	LF
P	1B	2B	SS	3B	LF	CF	RF	C
LF	C	3B	CF	1B	RF	P	2B	SS

37

3B	LF	C	P	RF	CF	2B	1B	SS
2B	P	1B	LF	C	SS	RF	3B	CF
RF	SS	CF	2B	1B	3B	LF	P	C
1B	3B	RF	CF	LF	2B	C	SS	P
LF	2B	P	3B	SS	C	CF	RF	1B
CF	C	SS	RF	P	1B	3B	LF	2B
C	CF	LF	SS	3B	P	1B	2B	RF
P	RF	2B	1B	CF	LF	SS	C	3B
SS	1B	3B	C	2B	RF	P	CF	LF

38

CF	SS	2B	RF	C	3B	LF	1B	P
1B	P	C	CF	SS	LF	RF	2B	3B
RF	3B	LF	2B	P	1B	SS	C	CF
C	2B	RF	LF	CF	P	1B	3B	SS
LF	CF	3B	1B	RF	SS	2B	P	C
SS	1B	P	3B	2B	C	CF	RF	LF
P	C	1B	SS	LF	2B	3B	CF	RF
3B	RF	SS	P	1B	CF	C	LF	2B
2B	LF	CF	C	3B	RF	P	SS	1B

39

3B	CF	1B	SS	LF	RF	C	2B	P
2B	C	RF	3B	1B	P	SS	LF	CF
SS	P	LF	CF	2B	C	RF	3B	1B
1B	SS	2B	LF	CF	3B	P	RF	C
CF	3B	P	C	RF	1B	2B	SS	LF
LF	RF	C	P	SS	2B	1B	CF	3B
RF	LF	CF	1B	P	SS	3B	C	2B
P	2B	3B	RF	C	CF	LF	1B	SS
C	1B	SS	2B	3B	LF	CF	P	RF

40

LF	RF	P	3B	C	CF	SS	2B	1B
3B	1B	C	SS	2B	RF	CF	LF	P
SS	2B	CF	P	LF	1B	RF	C	3B
P	LF	RF	1B	SS	2B	C	3B	CF
C	SS	2B	LF	CF	3B	P	1B	RF
CF	3B	1B	RF	P	C	2B	SS	LF
1B	C	SS	CF	RF	LF	3B	P	2B
RF	P	3B	2B	1B	SS	LF	CF	C
2B	CF	LF	C	3B	P	1B	RF	SS

41

C	3B	1B	CF	2B	SS	RF	P	LF
CF	P	SS	C	LF	RF	3B	1B	2B
2B	LF	RF	1B	P	3B	SS	CF	C
LF	C	2B	3B	1B	CF	P	SS	RF
P	SS	CF	2B	RF	C	1B	LF	3B
1B	RF	3B	LF	SS	P	2B	C	CF
SS	CF	C	RF	3B	1B	LF	2B	P
RF	1B	LF	P	C	2B	CF	3B	SS
3B	2B	P	SS	CF	LF	C	RF	1B

42

C	2B	P	SS	LF	RF	CF	1B	3B
1B	SS	3B	C	2B	CF	P	RF	LF
LF	RF	CF	1B	P	3B	C	2B	SS
SS	LF	RF	2B	C	1B	3B	CF	P
2B	3B	C	LF	CF	P	1B	SS	RF
P	CF	1B	RF	3B	SS	LF	C	2B
3B	C	2B	CF	RF	LF	SS	P	1B
RF	1B	LF	P	SS	C	2B	3B	CF
CF	P	SS	3B	1B	2B	RF	LF	C

43

3B	P	CF	LF	1B	SS	RF	2B	C
C	SS	LF	RF	2B	CF	P	3B	1B
2B	1B	RF	3B	P	C	CF	LF	SS
CF	LF	2B	SS	C	RF	3B	1B	P
1B	3B	SS	2B	LF	P	C	CF	RF
P	RF	C	1B	CF	3B	LF	SS	2B
RF	2B	3B	P	SS	LF	1B	C	CF
SS	C	P	CF	3B	1B	2B	RF	LF
LF	CF	1B	C	RF	2B	SS	P	3B

44

2B	P	SS	3B	RF	CF	1B	LF	C
RF	3B	C	2B	1B	LF	SS	CF	P
1B	LF	CF	SS	C	P	RF	3B	2B
C	CF	2B	RF	P	3B	LF	SS	1B
LF	RF	3B	C	SS	1B	2B	P	CF
P	SS	1B	LF	CF	2B	3B	C	RF
3B	2B	P	CF	LF	RF	C	1B	SS
SS	1B	RF	P	3B	C	CF	2B	LF
CF	C	LF	1B	2B	SS	P	RF	3B

45

LF	1B	C	SS	P	RF	CF	3B	2B
3B	SS	P	LF	CF	2B	RF	C	1B
RF	2B	CF	3B	C	1B	P	LF	SS
C	RF	3B	1B	2B	SS	LF	P	CF
SS	LF	2B	P	RF	CF	C	1B	3B
P	CF	1B	C	LF	3B	2B	SS	RF
1B	C	RF	CF	SS	P	3B	2B	LF
CF	P	SS	2B	3B	LF	1B	RF	C
2B	3B	LF	RF	1B	C	SS	CF	P

46

LF	2B	CF	3B	C	RF	P	SS	1B
P	SS	C	1B	LF	2B	3B	CF	RF
3B	RF	1B	P	SS	CF	C	2B	LF
CF	3B	RF	SS	P	LF	2B	1B	C
2B	C	P	RF	1B	3B	CF	LF	SS
SS	1B	LF	CF	2B	C	RF	3B	P
1B	CF	3B	LF	RF	P	SS	C	2B
C	P	SS	2B	3B	1B	LF	RF	CF
RF	LF	2B	C	CF	SS	1B	P	3B

47

CF	P	2B	1B	3B	C	LF	SS	RF
C	3B	SS	2B	LF	RF	CF	1B	P
LF	1B	RF	P	SS	CF	3B	C	2B
SS	LF	C	CF	1B	P	RF	2B	3B
RF	CF	P	3B	2B	SS	C	LF	1B
3B	2B	1B	C	RF	LF	SS	P	CF
1B	RF	3B	LF	C	2B	P	CF	SS
2B	C	CF	SS	P	3B	1B	RF	LF
P	SS	LF	RF	CF	1B	2B	3B	C

48

2B	3B	1B	P	C	SS	LF	RF	CF
P	LF	RF	3B	CF	2B	SS	C	1B
C	SS	CF	RF	LF	1B	3B	2B	P
CF	C	SS	LF	RF	3B	1B	P	2B
LF	P	3B	2B	1B	CF	RF	SS	C
RF	1B	2B	SS	P	C	CF	LF	3B
SS	2B	LF	CF	3B	P	C	1B	RF
3B	RF	C	1B	2B	LF	P	CF	SS
1B	CF	P	C	SS	RF	2B	3B	LF

49

C	1B	3B	CF	RF	LF	SS	2B	P
SS	P	2B	3B	C	1B	LF	RF	CF
RF	CF	LF	SS	2B	P	3B	C	1B
2B	C	SS	1B	3B	CF	P	LF	RF
CF	3B	1B	LF	P	RF	2B	SS	C
LF	RF	P	C	SS	2B	1B	CF	3B
3B	SS	CF	2B	1B	C	RF	P	LF
1B	LF	RF	P	CF	SS	C	3B	2B
P	2B	C	RF	LF	3B	CF	1B	SS

50

CF	RF	P	3B	2B	1B	LF	SS	C
2B	1B	SS	RF	C	LF	P	3B	CF
C	LF	3B	CF	SS	P	2B	1B	RF
RF	2B	LF	P	1B	C	3B	CF	SS
P	C	1B	SS	3B	CF	RF	2B	LF
3B	SS	CF	LF	RF	2B	C	P	1B
SS	CF	RF	2B	LF	3B	1B	C	P
LF	3B	C	1B	P	SS	CF	RF	2B
1B	P	2B	C	CF	RF	SS	LF	3B

51

SS	1B	2B	3B	P	LF	C	CF	RF
3B	LF	P	CF	C	RF	SS	2B	1B
RF	CF	C	2B	SS	1B	LF	P	3B
C	2B	CF	P	RF	3B	1B	SS	LF
P	3B	1B	C	LF	SS	2B	RF	CF
LF	RF	SS	1B	2B	CF	3B	C	P
CF	P	LF	SS	3B	2B	RF	1B	C
1B	SS	RF	LF	CF	C	P	3B	2B
2B	C	3B	RF	1B	P	CF	LF	SS

52

RF	SS	1B	CF	C	2B	P	LF	3B
2B	C	CF	P	3B	LF	1B	SS	RF
P	LF	3B	RF	SS	1B	CF	C	2B
3B	RF	LF	1B	2B	CF	C	P	SS
CF	1B	C	3B	P	SS	RF	2B	LF
SS	P	2B	C	LF	RF	3B	CF	1B
LF	CF	RF	2B	1B	C	SS	3B	P
C	3B	SS	LF	RF	P	2B	1B	CF
1B	2B	P	SS	CF	3B	LF	RF	C

53

3B	CF	P	C	LF	2B	1B	SS	RF
SS	RF	2B	3B	P	1B	CF	C	LF
1B	LF	C	CF	SS	RF	3B	P	2B
C	1B	SS	2B	RF	P	LF	CF	3B
LF	3B	RF	1B	CF	C	SS	2B	P
2B	P	CF	SS	3B	LF	RF	1B	C
RF	C	1B	LF	2B	SS	P	3B	CF
P	2B	3B	RF	1B	CF	C	LF	SS
CF	SS	LF	P	C	3B	2B	RF	1B

54

SS	2B	1B	C	RF	P	LF	CF	3B
RF	C	P	CF	LF	3B	SS	1B	2B
3B	LF	CF	2B	1B	SS	C	P	RF
2B	RF	3B	P	C	LF	CF	SS	1B
1B	CF	LF	3B	SS	2B	RF	C	P
P	SS	C	RF	CF	1B	3B	2B	LF
C	1B	2B	SS	3B	RF	P	LF	CF
CF	P	RF	LF	2B	C	1B	3B	SS
LF	3B	SS	1B	P	CF	2B	RF	C

55

P	1B	RF	2B	3B	CF	SS	LF	C
3B	SS	2B	P	C	LF	RF	1B	CF
CF	C	LF	1B	SS	RF	2B	P	3B
C	2B	CF	LF	P	1B	3B	RF	SS
LF	P	3B	SS	RF	C	CF	2B	1B
SS	RF	1B	3B	CF	2B	LF	C	P
1B	LF	C	CF	2B	3B	P	SS	RF
RF	3B	SS	C	LF	P	1B	CF	2B
2B	CF	P	RF	1B	SS	C	3B	LF

56

RF	2B	P	SS	1B	3B	C	LF	CF
1B	SS	LF	C	RF	CF	P	2B	3B
C	CF	3B	LF	P	2B	1B	SS	RF
LF	C	SS	RF	3B	P	2B	CF	1B
CF	RF	2B	1B	C	SS	3B	P	LF
3B	P	1B	2B	CF	LF	RF	C	SS
2B	3B	CF	P	SS	1B	LF	RF	C
SS	LF	RF	3B	2B	C	CF	1B	P
P	1B	C	CF	LF	RF	SS	3B	2B

57

SS	CF	C	LF	2B	RF	P	3B	1B
RF	3B	1B	SS	C	P	CF	LF	2B
2B	P	LF	CF	3B	1B	SS	RF	C
1B	SS	CF	C	LF	2B	RF	P	3B
LF	RF	P	1B	SS	3B	C	2B	CF
3B	C	2B	P	RF	CF	1B	SS	LF
CF	2B	3B	RF	1B	SS	LF	C	P
C	1B	SS	2B	P	LF	3B	CF	RF
P	LF	RF	3B	CF	C	2B	1B	SS

58

RF	1B	C	2B	P	3B	LF	CF	SS
LF	CF	3B	C	1B	SS	RF	2B	P
P	SS	2B	CF	LF	RF	1B	C	3B
CF	3B	1B	P	2B	C	SS	LF	RF
SS	LF	RF	1B	3B	CF	C	P	2B
C	2B	P	SS	RF	LF	3B	1B	CF
1B	RF	LF	3B	CF	2B	P	SS	C
2B	P	SS	RF	C	1B	CF	3B	LF
3B	C	CF	LF	SS	P	2B	RF	1B

59

1B	CF	P	RF	2B	C	LF	SS	3B
C	2B	SS	CF	LF	3B	1B	RF	P
LF	3B	RF	1B	P	SS	2B	C	CF
3B	1B	CF	2B	SS	LF	RF	P	C
SS	LF	2B	P	C	RF	3B	CF	1B
RF	P	C	3B	1B	CF	SS	LF	2B
P	RF	3B	SS	CF	2B	C	1B	LF
2B	C	1B	LF	RF	P	CF	3B	SS
CF	SS	LF	C	3B	1B	P	2B	RF

60

2B	P	CF	RF	3B	SS	LF	C	1B
1B	C	RF	P	2B	LF	3B	SS	CF
3B	LF	SS	CF	1B	C	RF	P	2B
P	3B	1B	LF	RF	2B	C	CF	SS
LF	SS	2B	1B	C	CF	P	RF	3B
RF	CF	C	SS	P	3B	1B	2B	LF
SS	2B	3B	C	LF	RF	CF	1B	P
CF	RF	P	3B	SS	1B	2B	LF	C
C	1B	LF	2B	CF	P	SS	3B	RF

61

3B	RF	C	SS	CF	1B	2B	LF	P
CF	SS	LF	2B	3B	P	1B	RF	C
1B	P	2B	RF	LF	C	CF	3B	SS
P	3B	CF	C	SS	RF	LF	1B	2B
2B	C	RF	3B	1B	LF	P	SS	CF
SS	LF	1B	CF	P	2B	RF	C	3B
C	CF	P	1B	RF	SS	3B	2B	LF
RF	2B	3B	LF	C	CF	SS	P	1B
LF	1B	SS	P	2B	3B	C	CF	RF

62

P	SS	C	1B	3B	RF	CF	2B	LF
LF	3B	CF	SS	2B	P	RF	1B	C
1B	RF	2B	C	CF	LF	3B	P	SS
C	LF	SS	2B	P	3B	1B	RF	CF
3B	1B	P	RF	C	CF	LF	SS	2B
2B	CF	RF	LF	SS	1B	C	3B	P
SS	2B	LF	3B	1B	C	P	CF	RF
RF	P	3B	CF	LF	2B	SS	C	1B
CF	C	1B	P	RF	SS	2B	LF	3B

63

P	LF	3B	SS	CF	1B	RF	2B	C
CF	C	1B	P	2B	RF	3B	LF	SS
SS	2B	RF	LF	3B	C	1B	CF	P
C	P	LF	CF	1B	3B	2B	SS	RF
1B	SS	CF	RF	P	2B	LF	C	3B
3B	RF	2B	C	SS	LF	CF	P	1B
2B	CF	P	3B	RF	SS	C	1B	LF
LF	3B	SS	1B	C	CF	P	RF	2B
RF	1B	C	2B	LF	P	SS	3B	CF

64

1B	RF	P	3B	SS	2B	LF	C	CF
2B	SS	CF	RF	LF	C	P	1B	3B
LF	C	3B	P	CF	1B	RF	2B	SS
SS	LF	RF	C	3B	P	1B	CF	2B
P	1B	2B	SS	RF	CF	3B	LF	C
CF	3B	C	2B	1B	LF	SS	RF	P
RF	2B	SS	1B	C	3B	CF	P	LF
C	CF	1B	LF	P	SS	2B	3B	RF
3B	P	LF	CF	2B	RF	C	SS	1B

65

P	LF	2B	C	3B	RF	CF	SS	1B
RF	1B	3B	2B	CF	SS	C	P	LF
SS	CF	C	LF	1B	P	2B	RF	3B
1B	P	SS	CF	LF	C	RF	3B	2B
LF	2B	RF	P	SS	3B	1B	CF	C
3B	C	CF	1B	RF	2B	SS	LF	P
2B	RF	1B	3B	P	CF	LF	C	SS
C	SS	P	RF	2B	LF	3B	1B	CF
CF	3B	LF	SS	C	1B	P	2B	RF

66

P	2B	C	CF	1B	3B	LF	SS	RF
SS	LF	CF	C	P	RF	1B	3B	2B
3B	1B	RF	2B	SS	LF	C	CF	P
CF	SS	LF	P	2B	1B	3B	RF	C
C	3B	1B	LF	RF	SS	2B	P	CF
RF	P	2B	3B	CF	C	SS	1B	LF
2B	RF	SS	1B	LF	P	CF	C	3B
1B	CF	3B	RF	C	2B	P	LF	SS
LF	C	P	SS	3B	CF	RF	2B	1B

67

P	1B	SS	RF	LF	CF	C	2B	3B
RF	LF	C	P	2B	3B	1B	SS	CF
3B	CF	2B	1B	C	SS	P	LF	RF
SS	P	LF	3B	1B	C	CF	RF	2B
2B	C	CF	SS	P	RF	3B	1B	LF
1B	3B	RF	2B	CF	LF	SS	C	P
CF	RF	1B	C	3B	2B	LF	P	SS
C	2B	3B	LF	SS	P	RF	CF	1B
LF	SS	P	CF	RF	1B	2B	3B	C

68

P	1B	RF	3B	LF	SS	2B	CF	C
CF	C	SS	RF	1B	2B	P	3B	LF
2B	LF	3B	P	CF	C	1B	SS	RF
C	3B	2B	SS	RF	P	LF	1B	CF
1B	P	LF	CF	2B	3B	RF	C	SS
SS	RF	CF	1B	C	LF	3B	P	2B
LF	SS	1B	C	3B	RF	CF	2B	P
RF	CF	P	2B	SS	1B	C	LF	3B
3B	2B	C	LF	P	CF	SS	RF	1B

69

3B	C	LF	CF	RF	P	2B	SS	1B
P	CF	RF	2B	SS	1B	LF	3B	C
2B	SS	1B	C	LF	3B	RF	CF	P
LF	P	C	1B	2B	SS	3B	RF	CF
RF	3B	CF	LF	P	C	1B	2B	SS
1B	2B	SS	3B	CF	RF	C	P	LF
SS	RF	2B	P	1B	LF	CF	C	3B
CF	LF	3B	SS	C	2B	P	1B	RF
C	1B	P	RF	3B	CF	SS	LF	2B

70

3B	CF	RF	C	LF	2B	1B	SS	P
1B	LF	2B	CF	SS	P	3B	C	RF
SS	P	C	3B	RF	1B	LF	CF	2B
C	3B	CF	2B	1B	SS	P	RF	LF
P	SS	LF	RF	3B	C	CF	2B	1B
2B	RF	1B	P	CF	LF	C	3B	SS
LF	1B	3B	SS	C	RF	2B	P	CF
RF	C	P	1B	2B	CF	SS	LF	3B
CF	2B	SS	LF	P	3B	RF	1B	C

71

CF	C	1B	SS	3B	LF	2B	P	RF
RF	P	SS	C	CF	2B	LF	3B	1B
2B	3B	LF	P	1B	RF	C	SS	CF
SS	2B	3B	1B	LF	P	CF	RF	C
C	CF	RF	3B	2B	SS	P	1B	LF
1B	LF	P	CF	RF	C	SS	2B	3B
P	1B	2B	LF	C	3B	RF	CF	SS
LF	SS	CF	RF	P	1B	3B	C	2B
3B	RF	C	2B	SS	CF	1B	LF	P

72

RF	1B	C	2B	P	SS	LF	CF	3B
P	LF	SS	C	CF	3B	RF	1B	2B
CF	2B	3B	1B	RF	LF	P	SS	C
C	P	1B	LF	SS	CF	3B	2B	RF
SS	RF	LF	3B	C	2B	CF	P	1B
2B	3B	CF	RF	1B	P	C	LF	SS
3B	CF	2B	SS	LF	RF	1B	C	P
LF	C	RF	P	2B	1B	SS	3B	CF
1B	SS	P	CF	3B	C	2B	RF	LF

73

LF	CF	C	P	3B	SS	RF	2B	1B
RF	1B	2B	LF	C	CF	SS	3B	P
SS	P	3B	RF	1B	2B	LF	C	CF
1B	SS	LF	C	P	RF	2B	CF	3B
C	2B	CF	SS	LF	3B	P	1B	RF
3B	RF	P	CF	2B	1B	C	LF	SS
P	C	1B	3B	SS	LF	CF	RF	2B
2B	LF	RF	1B	CF	P	3B	SS	C
CF	3B	SS	2B	RF	C	1B	P	LF

74

3B	SS	2B	RF	LF	1B	P	CF	C
CF	LF	C	2B	P	3B	1B	SS	RF
RF	P	1B	SS	C	CF	LF	3B	2B
P	CF	RF	C	SS	LF	2B	1B	3B
2B	C	SS	3B	1B	P	CF	RF	LF
1B	3B	LF	CF	RF	2B	C	P	SS
SS	2B	CF	P	3B	C	RF	LF	1B
LF	RF	P	1B	2B	SS	3B	C	CF
C	1B	3B	LF	CF	RF	SS	2B	P

75

SS	1B	2B	3B	CF	RF	P	C	LF
3B	CF	C	1B	P	LF	2B	SS	RF
P	LF	RF	C	SS	2B	CF	1B	3B
C	RF	CF	SS	3B	1B	LF	2B	P
2B	3B	LF	P	RF	C	1B	CF	SS
1B	P	SS	LF	2B	CF	RF	3B	C
CF	2B	P	RF	C	3B	SS	LF	1B
LF	SS	3B	CF	1B	P	C	RF	2B
RF	C	1B	2B	LF	SS	3B	P	CF

76

P	CF	SS	1B	2B	RF	C	LF	3B
3B	2B	RF	CF	C	LF	P	1B	SS
LF	C	1B	3B	SS	P	CF	2B	RF
1B	LF	C	SS	CF	2B	RF	3B	P
CF	SS	3B	RF	P	1B	2B	C	LF
2B	RF	P	C	LF	3B	SS	CF	1B
SS	P	2B	LF	3B	C	1B	RF	CF
RF	3B	CF	2B	1B	SS	LF	P	C
C	1B	LF	P	RF	CF	3B	SS	2B

77

3B	RF	C	SS	2B	1B	CF	LF	P
SS	CF	P	3B	C	LF	1B	2B	RF
LF	2B	1B	CF	RF	P	SS	C	3B
1B	P	2B	RF	3B	CF	C	SS	LF
C	SS	3B	P	LF	2B	RF	1B	CF
CF	LF	RF	1B	SS	C	3B	P	2B
P	C	SS	2B	CF	RF	LF	3B	1B
RF	1B	LF	C	P	3B	2B	CF	SS
2B	3B	CF	LF	1B	SS	P	RF	C

78

2B	3B	SS	LF	CF	P	1B	C	RF
C	RF	1B	3B	SS	2B	P	CF	LF
LF	CF	P	RF	C	1B	3B	2B	SS
1B	LF	2B	SS	RF	3B	CF	P	C
RF	SS	3B	CF	P	C	LF	1B	2B
P	C	CF	1B	2B	LF	SS	RF	3B
SS	P	LF	2B	1B	RF	C	3B	CF
3B	2B	C	P	LF	CF	RF	SS	1B
CF	1B	RF	C	3B	SS	2B	LF	P

79

3B	RF	CF	2B	1B	P	SS	C	LF
2B	C	SS	RF	LF	3B	P	1B	CF
LF	P	1B	CF	SS	C	RF	3B	2B
SS	2B	RF	1B	CF	LF	3B	P	C
C	1B	P	3B	RF	2B	LF	CF	SS
CF	LF	3B	C	P	SS	1B	2B	RF
RF	3B	2B	SS	C	1B	CF	LF	P
P	SS	C	LF	3B	CF	2B	RF	1B
1B	CF	LF	P	2B	RF	C	SS	3B

80

LF	RF	3B	1B	SS	C	CF	P	2B
CF	1B	P	3B	2B	RF	C	SS	LF
C	SS	2B	CF	LF	P	RF	3B	1B
SS	LF	C	P	RF	CF	1B	2B	3B
2B	3B	1B	LF	C	SS	P	RF	CF
P	CF	RF	2B	3B	1B	LF	C	SS
1B	2B	SS	RF	P	LF	3B	CF	C
3B	P	CF	C	1B	2B	SS	LF	RF
RF	C	LF	SS	CF	3B	2B	1B	P

81

LF	1B	RF	P	3B	SS	2B	CF	C
C	P	2B	LF	1B	CF	3B	RF	SS
3B	CF	SS	C	RF	2B	LF	1B	P
SS	C	3B	CF	2B	1B	P	LF	RF
2B	LF	P	RF	SS	C	CF	3B	1B
1B	RF	CF	3B	P	LF	SS	C	2B
P	3B	LF	2B	C	RF	1B	SS	CF
CF	SS	C	1B	LF	P	RF	2B	3B
RF	2B	1B	SS	CF	3B	C	P	LF

82

C	CF	LF	SS	1B	2B	3B	P	RF
P	1B	SS	RF	3B	C	LF	CF	2B
RF	3B	2B	CF	P	LF	C	SS	1B
CF	2B	3B	LF	RF	1B	P	C	SS
LF	C	P	3B	2B	SS	1B	RF	CF
SS	RF	1B	P	C	CF	2B	LF	3B
3B	P	C	1B	CF	RF	SS	2B	LF
2B	LF	CF	C	SS	3B	RF	1B	P
1B	SS	RF	2B	LF	P	CF	3B	C

83

RF	1B	C	3B	P	LF	2B	SS	CF
3B	P	CF	RF	SS	2B	1B	LF	C
LF	2B	SS	1B	CF	C	P	RF	3B
C	SS	P	2B	1B	CF	LF	3B	RF
1B	3B	RF	SS	LF	P	CF	C	2B
CF	LF	2B	C	RF	3B	SS	1B	P
SS	CF	1B	P	C	RF	3B	2B	LF
2B	C	LF	CF	3B	1B	RF	P	SS
P	RF	3B	LF	2B	SS	C	CF	1B

84

LF	SS	C	3B	1B	CF	RF	2B	P
1B	CF	RF	SS	P	2B	C	LF	3B
3B	2B	P	RF	C	LF	CF	SS	1B
RF	C	2B	CF	LF	P	1B	3B	SS
P	3B	LF	C	SS	1B	2B	CF	RF
SS	1B	CF	2B	3B	RF	LF	P	C
C	RF	3B	LF	CF	SS	P	1B	2B
2B	LF	1B	P	RF	3B	SS	C	CF
CF	P	SS	1B	2B	C	3B	RF	LF

85

2B	3B	P	RF	LF	SS	CF	C	1B
1B	CF	C	P	3B	2B	RF	LF	SS
LF	SS	RF	C	CF	1B	P	3B	2B
CF	LF	1B	3B	C	RF	SS	2B	P
RF	P	2B	LF	SS	CF	3B	1B	C
SS	C	3B	2B	1B	P	LF	CF	RF
3B	1B	SS	CF	RF	C	2B	P	LF
P	RF	CF	1B	2B	LF	C	SS	3B
C	2B	LF	SS	P	3B	1B	RF	CF

86

1B	SS	3B	LF	C	CF	RF	P	2B
CF	C	LF	RF	P	2B	SS	1B	3B
P	2B	RF	1B	3B	SS	CF	LF	C
C	RF	2B	P	CF	3B	1B	SS	LF
SS	CF	1B	C	RF	LF	3B	2B	P
3B	LF	P	SS	2B	1B	C	CF	RF
RF	3B	SS	2B	1B	P	LF	C	CF
2B	1B	CF	3B	LF	C	P	RF	SS
LF	P	C	CF	SS	RF	2B	3B	1B

87

1B	P	3B	C	RF	2B	LF	SS	CF
RF	LF	C	P	CF	SS	3B	1B	2B
2B	SS	CF	1B	3B	LF	P	RF	C
SS	CF	LF	RF	2B	P	C	3B	1B
3B	1B	P	LF	SS	C	2B	CF	RF
C	2B	RF	CF	1B	3B	SS	LF	P
CF	C	SS	3B	P	1B	RF	2B	LF
P	3B	1B	2B	LF	RF	CF	C	SS
LF	RF	2B	SS	C	CF	1B	P	3B

88

P	LF	2B	SS	RF	3B	C	CF	1B
C	CF	RF	P	2B	1B	3B	SS	LF
3B	1B	SS	C	CF	LF	P	2B	RF
RF	C	CF	1B	3B	2B	LF	P	SS
LF	3B	1B	CF	P	SS	2B	RF	C
2B	SS	P	LF	C	RF	CF	1B	3B
CF	P	LF	RF	1B	C	SS	3B	2B
SS	RF	3B	2B	LF	CF	1B	C	P
1B	2B	C	3B	SS	P	RF	LF	CF

89

LF	1B	SS	CF	3B	C	P	2B	RF
2B	P	CF	RF	SS	1B	LF	3B	C
3B	C	RF	2B	P	LF	1B	CF	SS
CF	RF	2B	SS	LF	3B	C	1B	P
1B	LF	3B	P	C	2B	RF	SS	CF
P	SS	C	1B	CF	RF	3B	LF	2B
C	2B	P	LF	1B	SS	CF	RF	3B
SS	3B	LF	C	RF	CF	2B	P	1B
RF	CF	1B	3B	2B	P	SS	C	LF

90

RF	C	LF	3B	P	SS	2B	CF	1B
3B	SS	2B	CF	1B	RF	LF	P	C
P	CF	1B	C	LF	2B	RF	SS	3B
LF	2B	P	RF	SS	C	3B	1B	CF
1B	3B	SS	LF	2B	CF	C	RF	P
C	RF	CF	1B	3B	P	SS	2B	LF
2B	LF	C	SS	CF	1B	P	3B	RF
CF	P	RF	2B	C	3B	1B	LF	SS
SS	1B	3B	P	RF	LF	CF	C	2B

91

LF	RF	3B	SS	CF	P	1B	C	2B
2B	C	CF	LF	RF	1B	SS	3B	P
SS	1B	P	3B	C	2B	RF	LF	CF
CF	LF	1B	RF	3B	C	2B	P	SS
C	SS	RF	P	2B	LF	CF	1B	3B
P	3B	2B	CF	1B	SS	C	RF	LF
1B	P	C	2B	LF	CF	3B	SS	RF
3B	CF	LF	C	SS	RF	P	2B	1B
RF	2B	SS	1B	P	3B	LF	CF	C

92

C	RF	CF	3B	2B	P	LF	1B	SS
SS	1B	LF	C	RF	CF	P	3B	2B
P	2B	3B	SS	1B	LF	C	RF	CF
1B	C	SS	2B	3B	RF	CF	P	LF
LF	3B	RF	CF	P	SS	1B	2B	C
2B	CF	P	1B	LF	C	RF	SS	3B
RF	SS	C	P	CF	2B	3B	LF	1B
CF	P	1B	LF	SS	3B	2B	C	RF
3B	LF	2B	RF	C	1B	SS	CF	P

93

C	SS	P	CF	3B	RF	LF	2B	1B
3B	1B	CF	SS	LF	2B	C	P	RF
RF	2B	LF	C	P	1B	CF	SS	3B
CF	3B	C	2B	1B	P	SS	RF	LF
P	RF	1B	3B	SS	LF	2B	CF	C
2B	LF	SS	RF	CF	C	3B	1B	P
1B	C	RF	LF	2B	SS	P	3B	CF
SS	P	3B	1B	C	CF	RF	LF	2B
LF	CF	2B	P	RF	3B	1B	C	SS

94

2B	3B	C	1B	P	RF	CF	SS	LF
RF	SS	CF	C	2B	LF	P	1B	3B
P	LF	1B	SS	3B	CF	C	2B	RF
3B	2B	LF	P	SS	1B	RF	CF	C
SS	C	P	RF	CF	2B	LF	3B	1B
1B	CF	RF	LF	C	3B	2B	P	SS
CF	1B	SS	2B	LF	C	3B	RF	P
LF	P	3B	CF	RF	SS	1B	C	2B
C	RF	2B	3B	1B	P	SS	LF	CF

95

C	RF	1B	P	3B	CF	LF	SS	2B
CF	2B	SS	C	1B	LF	3B	P	RF
P	3B	LF	SS	2B	RF	1B	C	CF
2B	CF	P	RF	SS	1B	C	LF	3B
1B	C	RF	3B	LF	2B	SS	CF	P
LF	SS	3B	CF	C	P	RF	2B	1B
SS	LF	CF	1B	P	3B	2B	RF	C
RF	1B	C	2B	CF	SS	P	3B	LF
3B	P	2B	LF	RF	C	CF	1B	SS

96

C	3B	CF	LF	P	1B	RF	2B	SS
SS	RF	P	2B	CF	3B	C	1B	LF
2B	LF	1B	RF	SS	C	3B	P	CF
P	C	3B	1B	LF	RF	CF	SS	2B
RF	SS	LF	3B	2B	CF	1B	C	P
CF	1B	2B	P	C	SS	LF	RF	3B
3B	CF	RF	SS	1B	P	2B	LF	C
LF	P	C	CF	RF	2B	SS	3B	1B
1B	2B	SS	C	3B	LF	P	CF	RF

97

LF	P	C	3B	CF	RF	2B	1B	SS
2B	CF	3B	LF	SS	1B	C	RF	P
1B	RF	SS	2B	P	C	3B	LF	CF
C	3B	2B	RF	LF	P	CF	SS	1B
RF	1B	LF	SS	3B	CF	P	C	2B
CF	SS	P	1B	C	2B	RF	3B	LF
3B	C	1B	P	2B	LF	SS	CF	RF
P	LF	CF	C	RF	SS	1B	2B	3B
SS	2B	RF	CF	1B	3B	LF	P	C

98

RF	C	1B	LF	3B	2B	P	CF	SS
2B	LF	CF	RF	SS	P	C	1B	3B
P	3B	SS	1B	C	CF	LF	RF	2B
C	P	LF	CF	1B	SS	2B	3B	RF
CF	RF	2B	C	LF	3B	SS	P	1B
1B	SS	3B	2B	P	RF	CF	C	LF
SS	2B	RF	P	CF	1B	3B	LF	C
3B	CF	C	SS	RF	LF	1B	2B	P
LF	1B	P	3B	2B	C	RF	SS	CF

99

LF	2B	C	P	1B	RF	3B	SS	CF
3B	1B	SS	C	CF	LF	RF	P	2B
CF	RF	P	2B	SS	3B	C	1B	LF
P	LF	CF	1B	C	SS	2B	RF	3B
SS	C	RF	3B	P	2B	CF	LF	1B
2B	3B	1B	RF	LF	CF	P	C	SS
C	P	2B	SS	3B	1B	LF	CF	RF
1B	CF	3B	LF	RF	C	SS	2B	P
RF	SS	LF	CF	2B	P	1B	3B	C

100

CF	C	LF	2B	SS	P	1B	RF	3B
3B	2B	1B	CF	LF	RF	C	SS	P
RF	P	SS	C	3B	1B	2B	CF	LF
2B	RF	C	P	CF	LF	SS	3B	1B
SS	CF	P	1B	2B	3B	RF	LF	C
LF	1B	3B	SS	RF	C	CF	P	2B
C	SS	RF	LF	P	2B	3B	1B	CF
1B	LF	CF	3B	C	SS	P	2B	RF
P	3B	2B	RF	1B	CF	LF	C	SS

101

CF	P	1B	C	RF	LF	3B	2B	SS
3B	C	2B	1B	SS	CF	P	LF	RF
LF	RF	SS	3B	2B	P	C	1B	CF
RF	LF	C	CF	P	1B	2B	SS	3B
1B	SS	3B	2B	LF	C	RF	CF	P
2B	CF	P	SS	3B	RF	LF	C	1B
P	2B	RF	LF	CF	SS	1B	3B	C
SS	1B	LF	P	C	3B	CF	RF	2B
C	3B	CF	RF	1B	2B	SS	P	LF

102

CF	2B	SS	LF	1B	P	3B	RF	C
RF	C	3B	SS	CF	2B	P	1B	LF
1B	P	LF	RF	3B	C	CF	2B	SS
2B	1B	C	3B	SS	CF	RF	LF	P
3B	SS	P	C	LF	RF	1B	CF	2B
LF	CF	RF	P	2B	1B	C	SS	3B
C	LF	1B	CF	P	SS	2B	3B	RF
P	3B	2B	1B	RF	LF	SS	C	CF
SS	RF	CF	2B	C	3B	LF	P	1B

103

CF	P	C	SS	3B	RF	1B	LF	2B
3B	LF	SS	CF	1B	2B	RF	C	P
RF	2B	1B	P	C	LF	SS	CF	3B
2B	3B	P	1B	SS	C	LF	RF	CF
C	1B	CF	LF	RF	P	3B	2B	SS
LF	SS	RF	2B	CF	3B	C	P	1B
1B	RF	LF	3B	2B	CF	P	SS	C
P	CF	3B	C	LF	SS	2B	1B	RF
SS	C	2B	RF	P	1B	CF	3B	LF

104

RF	CF	P	C	2B	3B	SS	LF	1B
C	LF	1B	RF	P	SS	2B	3B	CF
3B	2B	SS	LF	1B	CF	RF	P	C
2B	RF	CF	P	C	LF	3B	1B	SS
P	C	LF	SS	3B	1B	CF	2B	RF
SS	1B	3B	CF	RF	2B	P	C	LF
LF	SS	C	3B	CF	P	1B	RF	2B
CF	3B	2B	1B	LF	RF	C	SS	P
1B	P	RF	2B	SS	C	LF	CF	3B

105

SS	C	3B	CF	RF	LF	P	2B	1B
CF	LF	2B	3B	1B	P	RF	C	SS
1B	P	RF	C	2B	SS	LF	CF	3B
RF	3B	CF	LF	SS	C	2B	1B	P
P	1B	SS	2B	CF	3B	C	LF	RF
C	2B	LF	1B	P	RF	SS	3B	CF
3B	RF	1B	SS	C	2B	CF	P	LF
LF	SS	C	P	3B	CF	1B	RF	2B
2B	CF	P	RF	LF	1B	3B	SS	C

106

RF	1B	C	CF	3B	SS	P	LF	2B
2B	P	SS	LF	RF	1B	3B	CF	C
CF	3B	LF	P	2B	C	SS	RF	1B
3B	LF	CF	SS	C	P	1B	2B	RF
P	2B	RF	3B	1B	CF	LF	C	SS
C	SS	1B	2B	LF	RF	CF	P	3B
SS	C	3B	RF	P	LF	2B	1B	CF
1B	CF	P	C	SS	2B	RF	3B	LF
LF	RF	2B	1B	CF	3B	C	SS	P

107

CF	1B	3B	P	C	LF	SS	RF	2B
SS	LF	2B	RF	3B	1B	P	C	CF
P	RF	C	CF	2B	SS	LF	3B	1B
LF	3B	1B	SS	CF	P	RF	2B	C
2B	C	SS	1B	RF	3B	CF	P	LF
RF	P	CF	C	LF	2B	1B	SS	3B
3B	CF	P	2B	1B	RF	C	LF	SS
1B	SS	LF	3B	P	C	2B	CF	RF
C	2B	RF	LF	SS	CF	3B	1B	P

108

SS	C	RF	1B	CF	P	3B	LF	2B
LF	1B	P	SS	2B	3B	RF	C	CF
3B	2B	CF	LF	C	RF	SS	P	1B
P	SS	3B	CF	1B	LF	C	2B	RF
1B	RF	C	P	SS	2B	LF	CF	3B
CF	LF	2B	RF	3B	C	P	1B	SS
C	P	SS	2B	RF	1B	CF	3B	LF
2B	CF	LF	3B	P	SS	1B	RF	C
RF	3B	1B	C	LF	CF	2B	SS	P

109

SS	CF	LF	C	P	2B	1B	3B	RF
1B	3B	P	SS	LF	RF	C	CF	2B
2B	C	RF	3B	CF	1B	SS	P	LF
3B	1B	CF	P	SS	LF	RF	2B	C
LF	SS	2B	CF	RF	C	3B	1B	P
RF	P	C	1B	2B	3B	LF	SS	CF
C	2B	3B	RF	1B	CF	P	LF	SS
CF	RF	SS	LF	3B	P	2B	C	1B
P	LF	1B	2B	C	SS	CF	RF	3B

110

RF	CF	3B	2B	P	SS	LF	1B	C
SS	1B	LF	CF	C	RF	P	2B	3B
2B	P	C	3B	1B	LF	RF	CF	SS
3B	RF	P	LF	CF	1B	C	SS	2B
CF	2B	1B	P	SS	C	3B	RF	LF
LF	C	SS	RF	2B	3B	1B	P	CF
1B	3B	2B	SS	LF	P	CF	C	RF
P	LF	CF	C	RF	2B	SS	3B	1B
C	SS	RF	1B	3B	CF	2B	LF	P

111

RF	CF	LF	3B	SS	P	C	1B	2B
3B	P	1B	LF	C	2B	RF	CF	SS
SS	2B	C	RF	1B	CF	LF	3B	P
2B	SS	P	CF	LF	3B	1B	RF	C
C	RF	3B	SS	P	1B	CF	2B	LF
1B	LF	CF	2B	RF	C	P	SS	3B
CF	3B	RF	P	2B	LF	SS	C	1B
P	C	2B	1B	CF	SS	3B	LF	RF
LF	1B	SS	C	3B	RF	2B	P	CF

112

3B	P	C	RF	CF	SS	1B	2B	LF
1B	2B	CF	C	P	LF	3B	SS	RF
SS	LF	RF	2B	1B	3B	C	P	CF
LF	3B	P	SS	2B	RF	CF	1B	C
CF	RF	1B	LF	C	P	SS	3B	2B
C	SS	2B	CF	3B	1B	RF	LF	P
P	1B	LF	3B	RF	CF	2B	C	SS
2B	CF	SS	1B	LF	C	P	RF	3B
RF	C	3B	P	SS	2B	LF	CF	1B

113

P	RF	2B	1B	CF	C	SS	3B	LF
SS	CF	1B	RF	LF	3B	C	2B	P
LF	C	3B	P	2B	SS	1B	RF	CF
1B	SS	C	CF	3B	2B	LF	P	RF
RF	LF	CF	C	SS	P	3B	1B	2B
2B	3B	P	LF	1B	RF	CF	SS	C
C	2B	LF	SS	RF	1B	P	CF	3B
3B	P	SS	2B	C	CF	RF	LF	1B
CF	1B	RF	3B	P	LF	2B	C	SS

114

2B	P	SS	LF	CF	C	RF	1B	3B
1B	3B	C	SS	2B	RF	CF	LF	P
RF	LF	CF	3B	1B	P	SS	2B	C
P	CF	3B	C	SS	1B	LF	RF	2B
C	RF	LF	CF	3B	2B	P	SS	1B
SS	1B	2B	P	RF	LF	C	3B	CF
CF	2B	1B	RF	P	SS	3B	C	LF
LF	SS	P	1B	C	3B	2B	CF	RF
3B	C	RF	2B	LF	CF	1B	P	SS

115

1B	3B	CF	LF	C	RF	SS	2B	P
RF	2B	P	CF	SS	1B	LF	3B	C
C	LF	SS	2B	P	3B	1B	CF	RF
3B	1B	RF	P	CF	LF	C	SS	2B
SS	C	LF	3B	1B	2B	P	RF	CF
CF	P	2B	SS	RF	C	3B	LF	1B
2B	CF	C	1B	3B	SS	RF	P	LF
LF	RF	3B	C	2B	P	CF	1B	SS
P	SS	1B	RF	LF	CF	2B	C	3B

116

2B	CF	1B	C	3B	P	RF	LF	SS
P	C	SS	CF	RF	LF	3B	1B	2B
3B	RF	LF	1B	SS	2B	CF	C	P
LF	1B	C	P	CF	RF	2B	SS	3B
CF	P	3B	LF	2B	SS	1B	RF	C
RF	SS	2B	3B	C	1B	LF	P	CF
C	2B	P	RF	LF	CF	SS	3B	1B
SS	3B	RF	2B	1B	C	P	CF	LF
1B	LF	CF	SS	P	3B	C	2B	RF

117

SS	3B	2B	CF	RF	LF	P	C	1B
LF	P	RF	3B	C	1B	CF	2B	SS
C	CF	1B	SS	2B	P	RF	3B	LF
RF	SS	LF	2B	3B	C	1B	P	CF
3B	C	CF	P	1B	SS	LF	RF	2B
2B	1B	P	LF	CF	RF	C	SS	3B
1B	RF	SS	C	LF	2B	3B	CF	P
CF	2B	C	1B	P	3B	SS	LF	RF
P	LF	3B	RF	SS	CF	2B	1B	C

118

RF	LF	CF	1B	3B	C	SS	P	2B
C	SS	3B	P	2B	LF	RF	CF	1B
1B	P	2B	CF	RF	SS	C	LF	3B
P	RF	SS	LF	1B	2B	CF	3B	C
2B	C	LF	3B	CF	RF	P	1B	SS
3B	CF	1B	SS	C	P	2B	RF	LF
SS	3B	P	C	LF	CF	1B	2B	RF
CF	1B	RF	2B	SS	3B	LF	C	P
LF	2B	C	RF	P	1B	3B	SS	CF

119

CF	LF	2B	C	SS	P	1B	3B	RF
3B	P	RF	LF	1B	CF	C	SS	2B
1B	C	SS	RF	3B	2B	P	LF	CF
RF	CF	1B	3B	LF	C	SS	2B	P
LF	SS	C	2B	P	1B	RF	CF	3B
2B	3B	P	SS	CF	RF	LF	1B	C
C	2B	3B	1B	RF	SS	CF	P	LF
SS	RF	CF	P	2B	LF	3B	C	1B
P	1B	LF	CF	C	3B	2B	RF	SS

120

CF	P	3B	1B	RF	LF	2B	C	SS
2B	1B	RF	P	C	SS	3B	LF	CF
C	SS	LF	CF	3B	2B	RF	P	1B
SS	2B	C	RF	P	CF	1B	3B	LF
1B	RF	CF	C	LF	3B	SS	2B	P
LF	3B	P	SS	2B	1B	C	CF	RF
3B	CF	SS	LF	1B	C	P	RF	2B
RF	C	1B	2B	CF	P	LF	SS	3B
P	LF	2B	3B	SS	RF	CF	1B	C

121

SS	1B	LF	P	3B	2B	C	RF	CF
CF	3B	P	1B	C	RF	LF	SS	2B
C	2B	RF	LF	SS	CF	1B	P	3B
1B	P	SS	2B	CF	C	RF	3B	LF
2B	CF	C	3B	RF	LF	SS	1B	P
RF	LF	3B	SS	P	1B	2B	CF	C
3B	C	2B	CF	1B	SS	P	LF	RF
P	RF	1B	C	LF	3B	CF	2B	SS
LF	SS	CF	RF	2B	P	3B	C	1B

122

RF	CF	3B	SS	2B	C	1B	LF	P
1B	2B	SS	3B	P	LF	CF	C	RF
P	C	LF	RF	CF	1B	2B	3B	SS
2B	3B	C	LF	SS	CF	P	RF	1B
CF	SS	RF	C	1B	P	LF	2B	3B
LF	P	1B	2B	RF	3B	SS	CF	C
SS	LF	P	CF	3B	RF	C	1B	2B
C	RF	2B	1B	LF	SS	3B	P	CF
3B	1B	CF	P	C	2B	RF	SS	LF

123

RF	2B	SS	CF	1B	P	LF	3B	C
P	LF	3B	SS	C	RF	CF	1B	2B
1B	CF	C	LF	3B	2B	SS	RF	P
C	SS	LF	3B	CF	1B	2B	P	RF
3B	P	CF	RF	2B	LF	C	SS	1B
2B	1B	RF	P	SS	C	3B	LF	CF
SS	RF	1B	C	LF	CF	P	2B	3B
LF	C	P	2B	RF	3B	1B	CF	SS
CF	3B	2B	1B	P	SS	RF	C	LF

124

2B	1B	SS	3B	CF	P	C	RF	LF
CF	3B	C	SS	RF	LF	1B	2B	P
P	RF	LF	C	1B	2B	3B	CF	SS
LF	P	CF	2B	SS	C	RF	3B	1B
3B	SS	1B	CF	LF	RF	P	C	2B
C	2B	RF	P	3B	1B	LF	SS	CF
RF	CF	P	1B	C	SS	2B	LF	3B
SS	C	2B	LF	P	3B	CF	1B	RF
1B	LF	3B	RF	2B	CF	SS	P	C

125

SS	2B	CF	LF	1B	P	RF	C	3B
RF	1B	3B	2B	SS	C	CF	P	LF
P	C	LF	3B	RF	CF	2B	SS	1B
1B	CF	P	C	LF	3B	SS	2B	RF
2B	RF	C	1B	CF	SS	LF	3B	P
LF	3B	SS	P	2B	RF	1B	CF	C
CF	P	2B	RF	3B	1B	C	LF	SS
C	LF	RF	SS	P	2B	3B	1B	CF
3B	SS	1B	CF	C	LF	P	RF	2B

126

C	1B	2B	RF	CF	3B	LF	SS	P
SS	LF	3B	1B	2B	P	C	RF	CF
CF	P	RF	LF	SS	C	3B	2B	1B
RF	CF	SS	2B	1B	LF	P	C	3B
LF	C	P	SS	3B	RF	CF	1B	2B
3B	2B	1B	C	P	CF	RF	LF	SS
2B	3B	LF	CF	C	1B	SS	P	RF
P	SS	C	3B	RF	2B	1B	CF	LF
1B	RF	CF	P	LF	SS	2B	3B	C

127

1B	3B	LF	2B	P	C	SS	CF	RF
RF	SS	C	LF	CF	1B	2B	P	3B
2B	P	CF	3B	RF	SS	C	1B	LF
P	1B	3B	CF	C	RF	LF	SS	2B
C	LF	RF	1B	SS	2B	P	3B	CF
CF	2B	SS	P	LF	3B	1B	RF	C
SS	C	1B	RF	3B	LF	CF	2B	P
LF	RF	P	SS	2B	CF	3B	C	1B
3B	CF	2B	C	1B	P	RF	LF	SS

128

P	2B	SS	LF	C	CF	RF	3B	1B
RF	3B	C	P	SS	1B	2B	LF	CF
LF	1B	CF	RF	2B	3B	P	SS	C
1B	LF	2B	C	P	SS	CF	RF	3B
SS	C	3B	1B	CF	RF	LF	2B	P
CF	RF	P	2B	3B	LF	C	1B	SS
C	P	LF	SS	1B	2B	3B	CF	RF
3B	SS	RF	CF	LF	P	1B	C	2B
2B	CF	1B	3B	RF	C	SS	P	LF

129

RF	SS	CF	3B	C	P	1B	2B	LF
LF	3B	1B	SS	2B	CF	C	P	RF
2B	C	P	RF	1B	LF	SS	CF	3B
CF	LF	3B	2B	RF	1B	P	C	SS
P	2B	RF	C	CF	SS	3B	LF	1B
SS	1B	C	LF	P	3B	2B	RF	CF
1B	P	LF	CF	SS	2B	RF	3B	C
3B	RF	2B	1B	LF	C	CF	SS	P
C	CF	SS	P	3B	RF	LF	1B	2B

130

3B	C	SS	1B	RF	2B	P	CF	LF
RF	2B	CF	LF	P	C	3B	1B	SS
LF	P	1B	CF	SS	3B	RF	C	2B
SS	3B	C	2B	LF	CF	1B	RF	P
1B	LF	RF	P	C	SS	CF	2B	3B
P	CF	2B	RF	3B	1B	LF	SS	C
C	1B	3B	SS	CF	P	2B	LF	RF
2B	SS	LF	3B	1B	RF	C	P	CF
CF	RF	P	C	2B	LF	SS	3B	1B

131

LF	3B	2B	C	1B	SS	RF	P	CF
SS	1B	RF	2B	P	CF	3B	C	LF
C	P	CF	RF	3B	LF	2B	SS	1B
CF	2B	3B	1B	LF	P	C	RF	SS
1B	RF	SS	CF	C	2B	LF	3B	P
P	C	LF	3B	SS	RF	1B	CF	2B
2B	CF	1B	P	RF	3B	SS	LF	C
RF	SS	P	LF	2B	C	CF	1B	3B
3B	LF	C	SS	CF	1B	P	2B	RF

132

C	1B	P	2B	3B	SS	LF	RF	CF
LF	RF	2B	C	P	CF	1B	3B	SS
3B	SS	CF	RF	LF	1B	P	2B	C
2B	C	LF	P	1B	3B	SS	CF	RF
P	3B	1B	CF	SS	RF	C	LF	2B
RF	CF	SS	LF	2B	C	3B	1B	P
SS	2B	C	1B	CF	LF	RF	P	3B
1B	P	3B	SS	RF	2B	CF	C	LF
CF	LF	RF	3B	C	P	2B	SS	1B

133

RF	LF	CF	1B	3B	2B	C	P	SS
2B	3B	1B	SS	C	P	LF	RF	CF
C	P	SS	LF	CF	RF	2B	3B	1B
3B	CF	P	RF	1B	LF	SS	2B	C
SS	C	RF	CF	2B	3B	1B	LF	P
1B	2B	LF	P	SS	C	RF	CF	3B
P	SS	C	2B	RF	CF	3B	1B	LF
LF	RF	3B	C	P	1B	CF	SS	2B
CF	1B	2B	3B	LF	SS	P	C	RF

134

RF	1B	LF	P	C	2B	CF	3B	SS
SS	P	3B	1B	CF	RF	C	2B	LF
2B	CF	C	SS	3B	LF	P	RF	1B
P	3B	SS	2B	LF	C	RF	1B	CF
C	LF	1B	RF	P	CF	3B	SS	2B
CF	2B	RF	3B	1B	SS	LF	P	C
3B	SS	CF	C	2B	P	1B	LF	RF
LF	RF	P	CF	SS	1B	2B	C	3B
1B	C	2B	LF	RF	3B	SS	CF	P

135

SS	3B	P	C	1B	CF	2B	LF	RF
1B	C	LF	P	RF	2B	SS	3B	CF
CF	2B	RF	3B	SS	LF	P	1B	C
C	LF	SS	1B	2B	RF	3B	CF	P
P	1B	2B	LF	CF	3B	RF	C	SS
3B	RF	CF	SS	P	C	LF	2B	1B
LF	P	3B	CF	C	SS	1B	RF	2B
RF	CF	1B	2B	3B	P	C	SS	LF
2B	SS	C	RF	LF	1B	CF	P	3B

136

CF	3B	LF	RF	2B	SS	C	P	1B
P	1B	C	LF	3B	CF	2B	RF	SS
2B	SS	RF	1B	C	P	3B	LF	CF
1B	C	P	3B	RF	2B	CF	SS	LF
3B	LF	2B	SS	CF	1B	RF	C	P
RF	CF	SS	C	P	LF	1B	3B	2B
SS	RF	1B	CF	LF	C	P	2B	3B
C	P	CF	2B	SS	3B	LF	1B	RF
LF	2B	3B	P	1B	RF	SS	CF	C

137

3B	P	2B	1B	CF	RF	C	SS	LF
CF	LF	C	2B	3B	SS	RF	P	1B
RF	1B	SS	C	LF	P	CF	2B	3B
1B	RF	LF	CF	2B	3B	SS	C	P
C	2B	CF	SS	P	LF	3B	1B	RF
P	SS	3B	RF	1B	C	2B	LF	CF
LF	CF	RF	P	SS	2B	1B	3B	C
2B	3B	1B	LF	C	CF	P	RF	SS
SS	C	P	3B	RF	1B	LF	CF	2B

138

2B	CF	C	3B	LF	SS	RF	1B	P
SS	RF	3B	2B	P	1B	C	CF	LF
P	1B	LF	C	RF	CF	2B	SS	3B
C	2B	SS	LF	3B	RF	CF	P	1B
1B	P	CF	SS	2B	C	LF	3B	RF
3B	LF	RF	1B	CF	P	SS	2B	C
LF	C	P	CF	1B	2B	3B	RF	SS
CF	3B	1B	RF	SS	LF	P	C	2B
RF	SS	2B	P	C	3B	1B	LF	CF

139

LF	1B	RF	SS	3B	2B	C	P	CF
C	2B	P	1B	CF	LF	SS	3B	RF
SS	CF	3B	P	C	RF	1B	LF	2B
RF	3B	LF	C	1B	P	CF	2B	SS
1B	SS	2B	CF	LF	3B	RF	C	P
CF	P	C	2B	RF	SS	3B	1B	LF
3B	LF	SS	RF	2B	C	P	CF	1B
P	C	1B	LF	SS	CF	2B	RF	3B
2B	RF	CF	3B	P	1B	LF	SS	C

140

3B	RF	C	2B	CF	LF	P	1B	SS
2B	P	CF	RF	1B	SS	3B	C	LF
1B	LF	SS	P	3B	C	CF	RF	2B
LF	2B	RF	CF	P	3B	1B	SS	C
SS	3B	P	LF	C	1B	RF	2B	CF
CF	C	1B	SS	RF	2B	LF	3B	P
RF	SS	LF	1B	2B	P	C	CF	3B
C	1B	2B	3B	LF	CF	SS	P	RF
P	CF	3B	C	SS	RF	2B	LF	1B

141

SS	3B	RF	1B	P	2B	CF	C	LF
P	C	LF	SS	RF	CF	1B	3B	2B
1B	2B	CF	3B	LF	C	RF	P	SS
C	SS	3B	RF	2B	1B	LF	CF	P
LF	P	1B	CF	SS	3B	C	2B	RF
CF	RF	2B	P	C	LF	3B	SS	1B
3B	CF	P	LF	1B	SS	2B	RF	C
2B	LF	SS	C	CF	RF	P	1B	3B
RF	1B	C	2B	3B	P	SS	LF	CF

142

C	CF	LF	1B	2B	3B	SS	P	RF
3B	2B	P	CF	RF	SS	LF	1B	C
RF	1B	SS	P	C	LF	2B	CF	3B
CF	RF	1B	3B	SS	2B	C	LF	P
2B	LF	C	RF	CF	P	1B	3B	SS
P	SS	3B	C	LF	1B	CF	RF	2B
1B	C	2B	LF	P	RF	3B	SS	CF
LF	P	CF	SS	3B	C	RF	2B	1B
SS	3B	RF	2B	1B	CF	P	C	LF

143

1B	RF	2B	3B	P	C	CF	SS	LF
SS	CF	P	RF	LF	2B	C	3B	1B
C	3B	LF	1B	CF	SS	RF	P	2B
P	1B	CF	2B	SS	RF	LF	C	3B
LF	SS	RF	CF	C	3B	1B	2B	P
3B	2B	C	LF	1B	P	SS	RF	CF
2B	LF	SS	C	3B	1B	P	CF	RF
CF	P	3B	SS	RF	LF	2B	1B	C
RF	C	1B	P	2B	CF	3B	LF	SS

144

P	3B	RF	2B	C	SS	CF	LF	1B
CF	LF	1B	3B	RF	P	2B	SS	C
C	2B	SS	1B	CF	LF	RF	P	3B
3B	1B	2B	RF	SS	CF	P	C	LF
SS	C	CF	P	LF	2B	1B	3B	RF
RF	P	LF	C	3B	1B	SS	CF	2B
2B	CF	3B	LF	P	RF	C	1B	SS
LF	RF	P	SS	1B	C	3B	2B	CF
1B	SS	C	CF	2B	3B	LF	RF	P

145

2B	RF	CF	1B	3B	LF	SS	P	C
C	P	SS	CF	RF	2B	3B	LF	1B
1B	LF	3B	P	SS	C	RF	CF	2B
CF	2B	LF	3B	C	RF	P	1B	SS
3B	1B	RF	2B	P	SS	LF	C	CF
SS	C	P	LF	CF	1B	2B	3B	RF
RF	CF	2B	C	LF	P	1B	SS	3B
LF	3B	1B	SS	2B	CF	C	RF	P
P	SS	C	RF	1B	3B	CF	2B	LF

146

SS	LF	C	RF	1B	P	3B	2B	CF
1B	RF	2B	SS	3B	CF	LF	C	P
P	CF	3B	C	LF	2B	1B	RF	SS
CF	1B	LF	P	SS	C	RF	3B	2B
3B	2B	RF	1B	CF	LF	P	SS	C
C	P	SS	2B	RF	3B	CF	LF	1B
LF	C	CF	3B	P	SS	2B	1B	RF
2B	3B	1B	CF	C	RF	SS	P	LF
RF	SS	P	LF	2B	1B	C	CF	3B

147

2B	SS	C	P	RF	LF	1B	CF	3B
RF	P	LF	CF	3B	1B	C	2B	SS
CF	3B	1B	SS	2B	C	LF	P	RF
LF	RF	SS	C	1B	2B	CF	3B	P
C	2B	CF	LF	P	3B	RF	SS	1B
P	1B	3B	RF	CF	SS	2B	LF	C
1B	C	P	3B	LF	CF	SS	RF	2B
SS	LF	RF	2B	C	P	3B	1B	CF
3B	CF	2B	1B	SS	RF	P	C	LF

148

RF	2B	LF	C	CF	3B	P	SS	1B
SS	CF	P	1B	RF	LF	3B	2B	C
1B	3B	C	SS	2B	P	LF	RF	CF
3B	C	SS	RF	LF	CF	1B	P	2B
P	RF	1B	2B	3B	C	SS	CF	LF
2B	LF	CF	P	1B	SS	RF	C	3B
C	1B	RF	LF	P	2B	CF	3B	SS
CF	P	2B	3B	SS	1B	C	LF	RF
LF	SS	3B	CF	C	RF	2B	1B	P

149

C	SS	CF	2B	LF	P	3B	RF	1B
3B	2B	P	1B	CF	RF	LF	C	SS
1B	RF	LF	3B	C	SS	CF	P	2B
P	C	3B	LF	SS	1B	RF	2B	CF
SS	CF	RF	C	3B	2B	1B	LF	P
2B	LF	1B	P	RF	CF	SS	3B	C
CF	P	2B	RF	1B	3B	C	SS	LF
RF	1B	C	SS	P	LF	2B	CF	3B
LF	3B	SS	CF	2B	C	P	1B	RF

150

CF	LF	1B	P	C	RF	3B	2B	SS
3B	2B	C	1B	CF	SS	LF	P	RF
SS	RF	P	LF	2B	3B	C	1B	CF
LF	C	RF	2B	1B	P	CF	SS	3B
P	3B	SS	C	RF	CF	1B	LF	2B
1B	CF	2B	3B	SS	LF	P	RF	C
RF	P	CF	SS	3B	1B	2B	C	LF
C	1B	3B	RF	LF	2B	SS	CF	P
2B	SS	LF	CF	P	C	RF	3B	1B

151

C	LF	3B	2B	1B	CF	P	RF	SS
CF	2B	SS	LF	P	RF	3B	1B	C
1B	RF	P	C	3B	SS	2B	CF	LF
SS	C	1B	3B	2B	P	CF	LF	RF
RF	P	2B	1B	CF	LF	SS	C	3B
LF	3B	CF	RF	SS	C	1B	P	2B
P	CF	C	SS	LF	3B	RF	2B	1B
3B	1B	LF	CF	RF	2B	C	SS	P
2B	SS	RF	P	C	1B	LF	3B	CF

152

RF	1B	P	3B	C	2B	CF	SS	LF
C	LF	CF	1B	P	SS	RF	3B	2B
2B	3B	SS	RF	LF	CF	1B	C	P
CF	RF	LF	P	SS	C	3B	2B	1B
3B	SS	2B	CF	1B	LF	C	P	RF
P	C	1B	2B	RF	3B	SS	LF	CF
SS	2B	RF	C	CF	P	LF	1B	3B
1B	P	C	LF	3B	RF	2B	CF	SS
LF	CF	3B	SS	2B	1B	P	RF	C

153

2B	CF	1B	3B	SS	P	C	LF	RF
LF	SS	P	2B	RF	C	3B	CF	1B
3B	RF	C	CF	1B	LF	2B	SS	P
SS	1B	2B	P	LF	RF	CF	C	3B
C	LF	3B	SS	CF	1B	RF	P	2B
RF	P	CF	C	3B	2B	LF	1B	SS
1B	2B	RF	LF	P	CF	SS	3B	C
P	3B	LF	RF	C	SS	1B	2B	CF
CF	C	SS	1B	2B	3B	P	RF	LF

154

3B	P	SS	RF	LF	1B	2B	C	CF
RF	1B	C	SS	CF	2B	P	3B	LF
CF	LF	2B	3B	C	P	SS	RF	1B
1B	3B	CF	LF	SS	C	RF	2B	P
P	SS	LF	1B	2B	RF	3B	CF	C
C	2B	RF	P	3B	CF	LF	1B	SS
LF	C	3B	2B	1B	SS	CF	P	RF
SS	CF	P	C	RF	3B	1B	LF	2B
2B	RF	1B	CF	P	LF	C	SS	3B

155

3B	1B	LF	P	C	CF	RF	SS	2B
SS	CF	RF	LF	1B	2B	3B	P	C
C	P	2B	SS	RF	3B	CF	1B	LF
LF	RF	1B	3B	CF	P	2B	C	SS
2B	C	CF	RF	LF	SS	1B	3B	P
P	3B	SS	C	2B	1B	LF	RF	CF
RF	LF	3B	2B	SS	C	P	CF	1B
1B	2B	C	CF	P	RF	SS	LF	3B
CF	SS	P	1B	3B	LF	C	2B	RF

156

SS	RF	1B	C	2B	P	CF	3B	LF
2B	3B	LF	1B	CF	RF	P	SS	C
CF	P	C	3B	LF	SS	2B	1B	RF
C	SS	CF	LF	P	2B	3B	RF	1B
1B	2B	P	RF	C	3B	LF	CF	SS
3B	LF	RF	SS	1B	CF	C	2B	P
RF	C	3B	CF	SS	LF	1B	P	2B
LF	CF	2B	P	RF	1B	SS	C	3B
P	1B	SS	2B	3B	C	RF	LF	CF

157

1B	P	RF	C	SS	3B	2B	CF	LF
3B	SS	LF	RF	2B	CF	1B	C	P
CF	2B	C	LF	P	1B	RF	3B	SS
C	1B	2B	CF	RF	SS	LF	P	3B
P	CF	SS	1B	3B	LF	C	RF	2B
LF	RF	3B	P	C	2B	SS	1B	CF
2B	LF	P	3B	1B	RF	CF	SS	C
SS	3B	1B	2B	CF	C	P	LF	RF
RF	C	CF	SS	LF	P	3B	2B	1B

158

2B	1B	RF	CF	3B	LF	SS	P	C
CF	C	LF	RF	P	SS	1B	2B	3B
3B	P	SS	C	2B	1B	LF	CF	RF
1B	2B	3B	LF	CF	RF	C	SS	P
LF	RF	C	3B	SS	P	CF	1B	2B
SS	CF	P	1B	C	2B	RF	3B	LF
RF	LF	CF	P	1B	3B	2B	C	SS
P	SS	1B	2B	LF	C	3B	RF	CF
C	3B	2B	SS	RF	CF	P	LF	1B

159

C	RF	1B	3B	CF	LF	2B	SS	P
LF	SS	2B	C	RF	P	1B	3B	CF
3B	P	CF	1B	SS	2B	RF	LF	C
1B	2B	P	RF	LF	SS	CF	C	3B
CF	LF	C	P	1B	3B	SS	RF	2B
RF	3B	SS	CF	2B	C	LF	P	1B
P	1B	LF	2B	C	RF	3B	CF	SS
SS	CF	3B	LF	P	1B	C	2B	RF
2B	C	RF	SS	3B	CF	P	1B	LF

160

1B	2B	LF	P	C	SS	3B	RF	CF
C	RF	3B	CF	1B	LF	SS	P	2B
CF	SS	P	3B	RF	2B	1B	LF	C
3B	C	1B	RF	LF	CF	P	2B	SS
2B	LF	RF	1B	SS	P	CF	C	3B
P	CF	SS	2B	3B	C	RF	1B	LF
SS	P	2B	LF	CF	RF	C	3B	1B
LF	3B	C	SS	P	1B	2B	CF	RF
RF	1B.	CF	C	2B	3B	LF	SS	P

161

SS	1B	LF	C	2B	P	3B	CF	RF
2B	C	3B	RF	CF	LF	SS	P	1B
RF	P	CF	SS	3B	1B	C	LF	2B
LF	RF	2B	CF	P	C	1B	3B	SS
C	CF	P	1B	SS	3B	RF	2B	LF
3B	SS	1B	2B	LF	RF	P	C	CF
P	3B	SS	LF	RF	2B	CF	1B	C
CF	LF	C	P	1B	SS	2B	RF	3B
1B	2B	RF	3B	C	CF	LF	SS	P

162

P	2B	3B	RF	1B	C	SS	LF	CF
RF	CF	C	3B	LF	SS	1B	P	2B
1B	LF	SS	P	2B	CF	RF	3B	C
SS	RF	CF	C	P	3B	2B	1B	LF
LF	C	1B	CF	SS	2B	P	RF	3B
2B	3B	P	LF	RF	1B	CF	C	SS
C	1B	RF	SS	CF	LF	3B	2B	P
3B	SS	2B	1B	C	P	LF	CF	RF
CF	P	LF	2B	3B	RF	C	SS	1B

163

3B	C	LF	2B	1B	CF	P	SS	RF
RF	CF	2B	C	SS	P	1B	LF	3B
P	1B	SS	LF	RF	3B	2B	CF	C
CF	SS	1B	RF	P	C	3B	2B	LF
LF	P	3B	CF	2B	1B	C	RF	SS
C	2B	RF	SS	3B	LF	CF	P	1B
SS	LF	CF	1B	C	2B	RF	3B	P
1B	RF	P	3B	CF	SS	LF	C	2B
2B	3B	C	P	LF	RF	SS	1B	CF

164

P	3B	SS	C	RF	1B	2B	CF	LF
LF	1B	CF	P	3B	2B	C	RF	SS
2B	RF	C	CF	LF	SS	P	1B	3B
1B	P	RF	2B	SS	3B	CF	LF	C
C	CF	3B	LF	P	RF	1B	SS	2B
SS	2B	LF	1B	C	CF	RF	3B	P
CF	SS	P	3B	1B	C	LF	2B	RF
RF	C	1B	SS	2B	LF	3B	P	CF
3B	LF	2B	RF	CF	P	SS	C	1B

165

1B	LF	RF	SS	C	CF	3B	P	2B
P	SS	CF	LF	2B	3B	C	1B	RF
3B	2B	C	RF	P	1B	CF	SS	LF
LF	P	SS	CF	1B	C	RF	2B	3B
CF	3B	2B	P	LF	RF	1B	C	SS
RF	C	1B	3B	SS	2B	LF	CF	P
SS	1B	LF	C	RF	P	2B	3B	CF
C	RF	3B	2B	CF	SS	P	LF	1B
2B	CF	P	1B	3B	LF	SS	RF	C

166

C	CF	1B	SS	P	2B	LF	3B	RF
2B	LF	RF	1B	3B	CF	C	SS	P
SS	3B	P	RF	LF	C	1B	CF	2B
3B	P	2B	LF	1B	SS	RF	C	CF
1B	SS	LF	C	CF	RF	P	2B	3B
RF	C	CF	P	2B	3B	SS	1B	LF
LF	RF	3B	2B	SS	1B	CF	P	C
CF	1B	C	3B	RF	P	2B	LF	SS
P	2B	SS	CF	C	LF	3B	RF	1B

167

RF	2B	3B	CF	C	1B	P	SS	LF
P	CF	SS	3B	RF	LF	C	1B	2B
LF	1B	C	P	2B	SS	CF	RF	3B
3B	SS	RF	LF	CF	P	1B	2B	C
2B	LF	1B	C	SS	3B	RF	CF	P
CF	C	P	2B	1B	RF	LF	3B	SS
C	3B	CF	RF	P	2B	SS	LF	1B
1B	P	2B	SS	LF	CF	3B	C	RF
SS	RF	LF	1B	3B	C	2B	P	CF

168

2B	CF	SS	3B	1B	RF	P	C	LF
LF	3B	1B	2B	P	C	CF	SS	RF
C	P	RF	CF	LF	SS	3B	1B	2B
1B	RF	CF	P	C	LF	2B	3B	SS
3B	LF	2B	SS	RF	CF	C	P	1B
P	SS	C	1B	2B	3B	RF	LF	CF
RF	1B	3B	C	SS	2B	LF	CF	P
CF	2B	P	LF	3B	1B	SS	RF	C
SS	C	LF	RF	CF	P	1B	2B	3B

1B	RF	2B	3B	LF	C	SS	P	CF
LF	P	CF	SS	RF	2B	1B	3B	C
C	3B	SS	1B	P	CF	LF	2B	RF
P	2B	3B	CF	SS	RF	C	LF	1B
CF	1B	RF	C	2B	LF	P	SS	3B
SS	LF	C	P	1B	3B	CF	RF	2B
3B	SS	P	RF	C	1B	2B	CF	LF
2B	CF	1B	LF	3B	SS	RF	C	P
RF	C	LF	2B	CF	P	3B	1B	SS

169

RF	SS	CF	1B	P	2B	C	LF	3B
LF	3B	C	RF	SS	CF	1B	2B	P
2B	P	1B	3B	LF	C	RF	CF	SS
3B	2B	LF	C	1B	P	CF	SS	RF
P	CF	SS	2B	3B	RF	LF	1B	C
1B	C	RF	LF	CF	SS	P	3B	2B
SS	LF	P	CF	C	3B	2B	RF	1B
CF	RF	3B	P	2B	1B	SS	C	LF
C	1B	2B	SS	RF	LF	3B	P	CF

170

SS	1B	LF	RF	3B	2B	C	P	CF
2B	C	RF	1B	P	CF	SS	LF	3B
3B	P	CF	LF	SS	C	1B	RF	2B
RF	2B	C	SS	LF	1B	3B	CF	P
LF	3B	1B	C	CF	P	2B	SS	RF
CF	SS	P	3B	2B	RF	LF	C	1B
P	LF	2B	CF	C	3B	RF	1B	SS
1B	CF	SS	2B	RF	LF	P	3B	C
C	RF	3B	P	1B	SS	CF	2B	LF

171

LF	C	1B	SS	CF	RF	3B	P	2B
P	RF	2B	3B	C	LF	CF	SS	1B
CF	3B	SS	P	2B	1B	LF	RF	C
3B	P	C	1B	SS	CF	RF	2B	LF
1B	LF	CF	RF	3B	2B	P	C	SS
2B	SS	RF	LF	P	C	1B	3B	CF
C	CF	LF	2B	RF	P	SS	1B	3B
SS	2B	P	CF	1B	3B	C	LF	RF
RF	1B	3B	C	LF	SS	2B	CF	P

172

LF	SS	1B	CF	3B	RF	C	P	2B
C	P	RF	1B	2B	SS	CF	LF	3B
CF	2B	3B	LF	C	P	RF	SS	1B
SS	LF	CF	2B	P	3B	1B	C	RF
2B	3B	P	RF	1B	C	SS	CF	LF
RF	1B	C	SS	LF	CF	3B	2B	P
1B	C	2B	3B	SS	LF	P	RF	CF
P	RF	LF	C	CF	1B	2B	3B	SS
3B	CF	SS	P	RF	2B	LF	1B	C

173

CF	3B	SS	RF	C	P	LF	1B	2B
1B	LF	C	2B	3B	CF	P	SS	RF
P	RF	2B	1B	SS	LF	C	CF	3B
2B	SS	CF	C	1B	3B	RF	P	LF
C	1B	3B	LF	P	RF	CF	2B	SS
RF	P	LF	CF	2B	SS	3B	C	1B
3B	CF	P	SS	LF	1B	2B	RF	C
SS	2B	RF	3B	CF	C	1B	LF	P
LF	C	1B	P	RF	2B	SS	3B	CF

174

175

CF	SS	LF	2B	3B	C	1B	P	RF
3B	C	P	1B	RF	SS	CF	LF	2B
RF	2B	1B	P	LF	CF	C	3B	SS
1B	CF	C	LF	2B	3B	SS	RF	P
2B	RF	SS	CF	P	1B	3B	C	LF
LF	P	3B	C	SS	RF	2B	1B	CF
C	3B	RF	SS	CF	LF	P	2B	1B
SS	1B	2B	RF	C	P	LF	CF	3B
P	LF	CF	3B	1B	2B	RF	SS	C

176

3B	1B	RF	LF	CF	SS	2B	C	P
LF	SS	C	1B	2B	P	3B	CF	RF
CF	P	2B	3B	RF	C	1B	SS	LF
2B	RF	SS	P	C	1B	CF	LF	3B
P	LF	1B	2B	3B	CF	C	RF	SS
C	CF	3B	SS	LF	RF	P	2B	1B
SS	2B	LF	CF	P	3B	RF	1B	C
RF	3B	CF	C	1B	LF	SS	P	2B
1B	C	P	RF	SS	2B	LF	3B	CF

177

2B	SS	C	P	3B	LF	1B	RF	CF
RF	LF	3B	1B	C	CF	P	SS	2B
1B	P	CF	SS	RF	2B	LF	3B	C
C	1B	2B	3B	LF	SS	RF	CF	P
LF	RF	P	CF	1B	C	3B	2B	SS
3B	CF	SS	RF	2B	P	C	LF	1B
SS	2B	RF	LF	P	1B	CF	C	3B
CF	3B	1B	C	SS	RF	2B	P	LF
P	C	LF	2B	CF	3B	SS	1B	RF

178

RF	CF	1B	3B	SS	LF	C	P	2B
SS	3B	C	CF	P	2B	RF	LF	1B
P	LF	2B	RF	C	1B	CF	SS	3B
1B	2B	SS	LF	RF	C	P	3B	CF
CF	P	3B	2B	1B	SS	LF	C	RF
C	RF	LF	P	CF	3B	1B	2B	SS
2B	C	RF	1B	3B	P	SS	CF	LF
3B	1B	P	SS	LF	CF	2B	RF	C
LF	SS	CF	C	2B	RF	3B	1B	P

179

CF	SS	LF	RF	3B	P	2B	C	1B
1B	2B	C	LF	CF	SS	3B	P	RF
RF	P	3B	2B	C	1B	CF	SS	LF
P	CF	SS	3B	2B	RF	1B	LF	C
2B	3B	RF	C	1B	LF	SS	CF	P
C	LF	1B	SS	P	CF	RF	3B	2B
3B	C	CF	1B	LF	2B	P	RF	SS
LF	RF	2B	P	SS	3B	C	1B	CF
SS	1B	P	CF	RF	C	LF	2B	3B

180

RF	SS	CF	3B	2B	P	C	LF	1B
P	LF	1B	SS	CF	C	3B	RF	2B
C	2B	3B	RF	1B	LF	P	CF	SS
CF	1B	SS	2B	3B	RF	LF	P	C
2B	3B	P	LF	C	CF	1B	SS	RF
LF	RF	C	1B	P	SS	CF	2B	3B
1B	C	RF	P	LF	2B	SS	3B	CF
SS	CF	LF	C	RF	3B	2B	1B	P
3B	P	2B	CF	SS	1B	RF	C	LF

181

CF	P	RF	SS	C	3B	1B	LF	2B
3B	SS	1B	LF	2B	RF	P	C	CF
LF	C	2B	CF	1B	P	3B	RF	SS
C	1B	3B	2B	CF	SS	RF	P	LF
2B	CF	P	C	RF	LF	SS	3B	1B
RF	LF	SS	3B	P	1B	CF	2B	C
SS	2B	CF	P	3B	C	LF	1B	RF
1B	3B	C	RF	LF	CF	2B	SS	P
P	RF	LF	1B	SS	2B	C	CF	3B

182

RF	C	2B	P	LF	SS	CF	1B	3B
LF	P	1B	C	CF	3B	RF	SS	2B
SS	3B	CF	2B	1B	RF	C	P	LF
3B	RF	P	SS	2B	C	1B	LF	CF
2B	SS	LF	1B	P	CF	3B	RF	C
1B	CF	C	RF	3B	LF	P	2B	SS
C	2B	SS	CF	RF	P	LF	3B	1B
P	1B	3B	LF	C	2B	SS	CF	RF
CF	LF	RF	3B	SS	1B	2B	C	P

183

2B	SS	1B	CF	3B	P	LF	RF	C
P	LF	CF	SS	RF	C	1B	3B	2B
3B	RF	C	1B	LF	2B	P	CF	SS
SS	P	2B	RF	CF	1B	C	LF	3B
RF	C	3B	2B	SS	LF	CF	P	1B
CF	1B	LF	P	C	3B	2B	SS	RF
LF	3B	SS	C	2B	CF	RF	1B	P
C	CF	P	3B	1B	RF	SS	2B	LF
1B	2B	RF	LF	P	SS	3B	C	CF

184

2B	P	1B	C	3B	RF	LF	SS	CF
3B	SS	CF	1B	P	LF	RF	2B	C
C	LF	RF	2B	CF	SS	1B	3B	P
1B	CF	SS	3B	2B	C	P	LF	RF
LF	3B	2B	CF	RF	P	SS	C	1B
RF	C	P	SS	LF	1B	2B	CF	3B
P	2B	3B	RF	SS	CF	C	1B	LF
SS	RF	C	LF	1B	3B	CF	P	2B
CF	1B	LF	P	C	2B	3B	RF	SS

185

P	C	RF	CF	SS	2B	1B	3B	LF
2B	LF	3B	1B	P	C	CF	SS	RF
CF	1B	SS	3B	RF	LF	P	C	2B
RF	SS	CF	C	2B	1B	3B	LF	P
LF	2B	P	SS	3B	RF	C	CF	1B
1B	3B	C	P	LF	CF	RF	2B	SS
C	P	LF	RF	CF	SS	2B	1B	3B
3B	CF	2B	LF	1B	P	SS	RF	C
SS	RF	1B	2B	C	3B	LF	P	CF

186

CF	RF	3B	C	P	1B	SS	LF	2B
LF	SS	1B	CF	3B	2B	C	P	RF
C	P	2B	SS	LF	RF	CF	3B	1B
SS	2B	RF	P	CF	3B	LF	1B	C
1B	C	P	2B	SS	LF	3B	RF	CF
3B	CF	LF	1B	RF	C	P	2B	SS
2B	1B	CF	3B	C	P	RF	SS	LF
P	LF	C	RF	1B	SS	2B	CF	3B
RF	3B	SS	LF	2B	CF	1B	C	P

187

CF	P	RF	C	3B	1B	LF	2B	SS
SS	1B	LF	RF	2B	CF	3B	C	P
2B	C	3B	P	LF	SS	CF	1B	RF
LF	2B	1B	3B	RF	P	C	SS	CF
RF	SS	C	1B	CF	2B	P	3B	LF
P	3B	CF	SS	C	LF	1B	RF	2B
3B	LF	P	2B	SS	C	RF	CF	1B
C	CF	SS	LF	1B	RF	2B	P	3B
1B	RF	2B	CF	P	3B	SS	LF	C

188

CF	P	LF	1B	2B	SS	RF	3B	C
3B	1B	2B	CF	RF	C	P	SS	LF
C	RF	SS	3B	P	LF	2B	1B	CF
SS	CF	P	RF	1B	2B	LF	C	3B
LF	C	1B	P	SS	3B	CF	RF	2B
2B	3B	RF	C	LF	CF	SS	P	1B
RF	2B	3B	SS	CF	1B	C	LF	P
1B	SS	CF	LF	C	P	3B	2B	RF
P	LF	C	2B	3B	RF	1B	CF	SS

189

RF	1B	SS	LF	3B	2B	CF	P	C
C	3B	P	CF	RF	SS	2B	1B	LF
CF	2B	LF	1B	C	P	3B	RF	SS
P	CF	RF	3B	SS	C	1B	LF	2B
1B	SS	2B	RF	LF	CF	C	3B	P
LF	C	3B	P	2B	1B	SS	CF	RF
SS	LF	1B	2B	CF	RF	P	C	3B
3B	P	C	SS	1B	LF	RF	2B	CF
2B	RF	CF	C	P	3B	LF	SS	1B

190

2B	P	1B	3B	C	CF	RF	SS	LF
LF	RF	CF	P	SS	2B	1B	C	3B
3B	C	SS	1B	LF	RF	CF	P	2B
SS	LF	3B	CF	RF	P	2B	1B	C
P	1B	C	SS	2B	LF	3B	RF	CF
CF	2B	RF	C	3B	1B	P	LF	SS
RF	3B	2B	LF	P	C	SS	CF	1B
C	CF	P	2B	1B	SS	LF	3B	RF
1B	SS	LF	RF	CF	3B	C	2B	P

191

LF	CF	3B	1B	RF	C	P	2B	SS
2B	C	RF	P	SS	LF	1B	3B	CF
1B	SS	P	2B	3B	CF	C	LF	RF
P	2B	SS	C	LF	RF	CF	1B	3B
CF	3B	C	SS	1B	2B	LF	RF	P
RF	1B	LF	3B	CF	P	SS	C	2B
3B	LF	1B	CF	2B	SS	RF	P	C
SS	P	2B	RF	C	1B	3B	CF	LF
C	RF	CF	LF	P	3B	2B	SS	1B

192

1B	3B	SS	C	P	LF	2B	CF	RF
CF	P	LF	RF	3B	2B	C	1B	SS
C	2B	RF	1B	CF	SS	LF	3B	P
RF	C	1B	SS	2B	3B	CF	P	LF
SS	CF	2B	P	LF	1B	RF	C	3B
P	LF	3B	CF	C	RF	1B	SS	2B
LF	SS	CF	3B	RF	C	P	2B	1B
2B	1B	P	LF	SS	CF	3B	RF	C
3B	RF	C	2B	1B	P	SS	LF	CF

193

2B	C	RF	1B	LF	P	SS	CF	3B
SS	3B	LF	C	RF	CF	2B	1B	P
1B	P	CF	SS	2B	3B	C	LF	RF
P	CF	C	2B	SS	1B	3B	RF	LF
LF	2B	SS	CF	3B	RF	P	C	1B
3B	RF	1B	LF	P	C	CF	SS	2B
RF	SS	2B	P	C	LF	1B	3B	CF
C	1B	3B	RF	CF	2B	LF	P	SS
CF	LF	P	3B	1B	SS	RF	2B	C

194

3B	C	RF	LF	P	2B	CF	1B	SS
2B	P	SS	1B	C	CF	LF	3B	RF
1B	LF	CF	3B	SS	RF	P	C	2B
RF	SS	C	2B	CF	3B	1B	P	LF
CF	1B	3B	RF	LF	P	2B	SS	C
LF	2B	P	C	1B	SS	RF	CF	3B
P	3B	LF	CF	2B	C	SS	RF	1B
SS	RF	1B	P	3B	LF	C	2B	CF
C	CF	2B	SS	RF	1B	3B	LF	P

195

CF	2B	C	RF	3B	LF	P	SS	1B
P	1B	3B	C	CF	SS	2B	LF	RF
LF	RF	SS	2B	1B	P	3B	CF	C
C	3B	RF	LF	P	2B	SS	1B	CF
2B	LF	1B	3B	SS	CF	C	RF	P
SS	CF	P	1B	C	RF	LF	2B	3B
RF	SS	CF	P	2B	C	1B	3B	LF
3B	C	LF	SS	RF	1B	CF	P	2B
1B	P	2B	CF	LF	3B	RF	C	SS

196

SS	CF	P	2B	RF	1B	3B	C	LF
2B	C	1B	P	3B	LF	SS	RF	CF
RF	LF	3B	SS	CF	C	2B	P	1B
1B	RF	SS	LF	P	CF	C	3B	2B
3B	2B	CF	RF	C	SS	LF	1B	P
LF	P	C	3B	1B	2B	RF	CF	SS
P	3B	2B	1B	SS	RF	CF	LF	C
C	1B	LF	CF	2B	3B	P	SS	RF
CF	SS	RF	C	LF	P	1B	2B	3B

197

C	P	CF	3B	2B	SS	1B	LF	RF
1B	RF	2B	CF	LF	P	SS	C	3B
SS	3B	LF	RF	C	1B	2B	P	CF
2B	LF	1B	P	3B	C	RF	CF	SS
3B	SS	P	LF	RF	CF	C	2B	1B
CF	C	RF	1B	SS	2B	LF	3B	P
P	2B	C	SS	1B	3B	CF	RF	LF
RF	1B	3B	2B	CF	LF	P	SS	C
LF	CF	SS	C	P	RF	3B	1B	2B

198

1B	SS	LF	P	3B	C	CF	RF	2B
RF	3B	P	CF	LF	2B	SS	C	1B
2B	CF	C	1B	SS	RF	LF	P	3B
C	1B	2B	3B	P	CF	RF	LF	SS
P	LF	3B	RF	C	SS	2B	1B	CF
SS	RF	CF	LF	2B	1B	P	3B	C
3B	2B	RF	C	CF	P	1B	SS	LF
LF	P	SS	2B	1B	3B	C	CF	RF
CF	C	1B	SS	RF	LF	3B	2B	P

199

RF	C	1B	LF	P	SS	2B	3B	CF
3B	SS	2B	RF	CF	C	P	LF	1B
CF	LF	P	3B	2B	1B	RF	SS	C
LF	RF	CF	P	C	2B	3B	1B	SS
P	3B	SS	1B	RF	CF	C	2B	LF
1B	2B	C	SS	LF	3B	CF	RF	P
C	CF	LF	2B	SS	RF	1B	P	3B
SS	1B	RF	CF	3B	P	LF	C	2B
2B	P	3B	C	1B	LF	SS	CF	RF

200

1B	RF	SS	C	3B	CF	LF	2B	P
2B	LF	CF	1B	SS	P	RF	C	3B
C	3B	P	LF	RF	2B	CF	1B	SS
3B	P	C	2B	CF	LF	SS	RF	1B
SS	2B	LF	RF	P	1B	3B	CF	C
CF	1B	RF	3B	C	SS	2B	P	LF
LF	CF	1B	SS	2B	C	P	3B	RF
P	SS	3B	CF	1B	RF	C	LF	2B
RF	C	2B	P	LF	3B	1B	SS	CF

ALL-STAR SUDOKU

Want one last challenge? In all-star sudoku, the puzzles are created using nine letters of the alphabet with no repetitions. As in traditional sudoku and baseball sudoku, the object is to complete the 9x9 grid so that every horizontal row, vertical column, and 3x3 grid contains each letter only once.

As an added twist, buried within each puzzle is the name of a famous sports figure. Solve the puzzle correctly and you will discover the hidden name.

Once again, an all-star sudoku puzzle can be solved with logic alone. Uncovering the sports figure's name may help you with the solution, but knowledge of sports is not required to complete the puzzle. (And just so you know, that person's name may come from any sport, not just baseball.) But let's warm up again first.

This practice puzzle contains the name of a movie star. The letters used in it—and this will be true for every all-star sudoku—can be found beneath the grid. Now, let's focus on the middle-left grid and solve for the letter C.

C		I	R				M	O
		U	E		C		R	
				M			T	C
		S		C	I		E	U
			O		M			
I	M		S	U		C		
O	S			I				
	I		M		O	T		
T	C				R	O		I

MICE TOURS

If you scan the top-middle row, you will notice a C in the middle grid. If you look at the bottom-middle row, you will find a C as well. Therefore the C must appear in the middle row. But where? Now let's scan vertically. The first and second columns contain C's, which means that the C you're looking for should be placed in the middle row on the far right.

As for the solution, when you complete the entire grid, you will find the movie star's name hidden in the middle column.

Ready to try it?

Remember, every row, column, and 3x3 grid must contain each letter only once. And the letters used in each puzzle will be scrambled beneath the grid. Solve all of them and you'll be a true sudoku all-star...

1

R		P			A			I
		A	C	L	E			
				P			K	C
A	R			C			I	
	E	N	A		K	C	P	
	L			N			A	K
C	A			I				
			L	A	N	I		
N			K			L		A

CLEAR PINK

2

			E	O	M	P	R	
P						J		
H	R			P				
					R	H	O	I
J			T		O			E
R	O	H	I					
				T			M	O
		J						P
	P	T	H	M	E			

RIM JET HOP

3

			L				O	
O	N				D	A	T	
	A	D	N	T		L		
	D					Y		N
		O				R		
N		T					D	
		A		R	N	M	Y	
	L	M	Y				N	O
	T				L			

DRY NO MALT

4

		O			Y		N	
			I	O	N			
E		I				O		
Y	O			S				T
M	E						O	Y
I				N			M	E
		T				K		N
			O	K	E			
	S		N			Y		

MY NOSE KIT

5

	W	J			N		E	
			L					N
Y				H		A		
		H				W		Y
			O		A			
W		E				L		
		N		O				L
H					E			
	L		H			E	J	

HYENA JOWL

1

R	C	P	N	K	A	E	L	I
K	I	A	C	L	E	P	N	R
L	N	E	I	P	R	A	K	C
A	R	K	P	C	L	N	I	E
I	E	N	A	R	K	C	P	L
P	L	C	E	N	I	R	A	K
C	A	L	R	I	P	K	E	N
E	K	R	L	A	N	I	C	P
N	P	I	K	E	C	L	R	A

2

T	J	I	E	O	M	P	R	H
P	M	O	R	I	H	J	E	T
H	R	E	J	P	T	O	I	M
E	T	P	M	J	R	H	O	I
J	I	M	T	H	O	R	P	E
R	O	H	I	E	P	M	T	J
I	H	R	P	T	J	E	M	O
M	E	J	O	R	I	T	H	P
O	P	T	H	M	E	I	J	R

3

T	R	Y	L	A	M	N	O	D
O	N	L	R	Y	D	A	T	M
M	A	D	N	T	O	L	R	Y
L	D	R	A	O	T	Y	M	N
A	M	O	D	N	Y	R	L	T
N	Y	T	M	L	R	O	D	A
D	O	A	T	R	N	M	Y	L
R	L	M	Y	D	A	T	N	O
Y	T	N	O	M	L	D	A	R

4

S	K	O	M	E	Y	T	N	I
T	Y	M	I	O	N	E	S	K
E	N	I	K	T	S	O	Y	M
Y	O	N	E	S	M	I	K	T
M	E	S	T	I	K	N	O	Y
I	T	K	Y	N	O	S	M	E
O	M	T	S	Y	I	K	E	N
N	I	Y	O	K	E	M	T	S
K	S	E	N	M	T	Y	I	O

5

L	W	J	Y	A	N	O	E	H
E	H	A	L	J	O	Y	W	N
Y	N	O	E	H	W	A	L	J
J	O	H	N	E	L	W	A	Y
N	Y	L	O	W	A	J	H	E
W	A	E	J	Y	H	L	N	O
A	E	N	W	O	J	H	Y	L
H	J	Y	A	L	E	N	O	W
O	L	W	H	N	Y	E	J	A